곽한나 산문집

검은 휘파람새의 노래

소소리

검은 휘파람새의 노래

곽한나 산문집

1판 1쇄 인쇄/ 2014년 5월 10일
1판 1쇄 발행/ 2014년 5월 15일

지은이 / 곽 한 나
펴낸이 / 우 희 정
펴낸곳 / 도서출판 소소리

등록 / 제300-2007-21호
주소 110-521 서울 종로구 명륜동 1가 33-90
경주이씨 중앙회빌딩 302-1호
전화 / 765-5663, 766-5663(Fax)
e-mail: sosori39@hanmail.net
www.sosori.net

값 10,000 원

*잘못된 책은 바꿔드립니다.

ISBN 978-89-97294-63-3 03810

검은 휘파람새의 노래

곽한나 산문집

■

책을 내면서

자신을 향하여 부르고 싶은 노래

영국에서의 수도원생활은 사람간의 소통이 구태여 말일 필요가 없음을 일깨웠다. 그들은 침묵이라는 심오한 언어로 또는 순결한 몸짓만으로 충분히 소통하는 듯한데, 이는 다른 언어권인 내겐 늘 익숙해져야할 과제였다.

수도원의 무거운 침묵은 내 영혼에 공기처럼 숨 쉴 수 있는 안식을 가져다주기도 하지만, 어느 땐 갑자기 내 인생이 꼭 길 없는 숲 속에 있는 것 같기도 하였다. 그럴 땐 어느 벗의 말대로 '떠돌이'가 되어버린 나는 늑골 어딘가에 억눌려 걸려있던 떠돌이 기질이 되살아나서 어딘가로 떠나야만 했다.

지금까지의 내 삶에 여러 질곡을 거쳐 지금은 나의 고국 제주도에 산다. 수도자의 일반적인 수녀원 안에서의 공동생활이 아니고 혼자 지낸다. 영국의 모(母)원에서 허용해 주신 독거(Solitude)이다.

글쓰기는 나 자신을 향해 부르는 노래이고 싶다. 나 스스로의 행복추구는 아름다움의 순간순간을 찾아내는 일이라고 생각한다. 안으로는 나 자신을 정돈하기 위하여, 말라가는 내 정서의 뿌리에 물 주듯이 글을 쓴다.

지금도 영국을 오가며 그곳에 살던 기억에서, 느낌에서, 그리고 이곳 제주도에서의 일상을 여기 풀어놓아 본다. 2010년에 출간된 자전적 치유 에세이 『거슬러 오르는 연어의 초록 강』 이후에 건져 올린 잡문들이다.

하느님께서도 이런 나를 지켜보시며 미소를 지으시지 않을까?

늘 부족한 내게 영성을 지도해 주시는 윤종모 주교님과 고집스런 나의 글쓰기를 지도해 주시는 윤석산 선생님께 늘 감사한 마음을 표하고 싶다.

"열심히 써 그럼 내가 출판해 줄게."라고 늘 격려해 주고 마음써준 벗에게 고마움을 전한다.

창밖에선 아기동백꽃이 뚝뚝 그 고개를 땅에 떨어뜨리고 있다.

2014년 이른 봄, 제주도에서

▷ 차 례

▷ 책을 내면서
▷ 발문 ‖ 윤석산

1. 꿈의 텃밭 제주도

이상한 땅 —▸ 13
풍차가 있는 마을 —▸ 19
미네르바의 부엉이 —▸ 23
꽃의 감성 —▸ 27
내 이름에 대한 명상 —▸ 31
어느 생일날에 —▸ 34
아침마다 뵙는 하느님께 —▸ 39
소유와 무소유의 사이에서 —▸ 43

2. 검은 휘파람새의 노래

작은오빠 —▸ 49
같이 산다는 해프닝 —▸ 54
가을 산책길 —▸ 57
길 위의 바람이 되고 싶다 —▸ 62
풍경 속의 풍경 —▸ 67
대니 이야기 —▸ 71
11월의 공원에서 —▸ 75
크리스마스이브의 꿈 —▸ 79

3. 지금 있는 자리와 지나온 자리

가 족 —▸ 85
촛불예찬 —▸ 91
거기서 뭐 하세요? —▸ 95

기차가 지나가는 마을 —‣99
어떤 그리움 —‣105
회갑을 맞은 나의 동생 —‣109
주 수난일(Good Friday)의 수녀원 풍경 —‣113
동병상련(同病相憐) —‣118

4. 향수와 여정

얼리 버드(Early bird) —‣123
얼 굴 —‣128
나의 봄으로 흐르는 종소리는 —‣132
강가의 아침 —‣135
이 맑은 가을바람 —‣139
여수(旅愁) —‣143
송년(送年) —‣147
램스톤 수녀원에서의 마지막 겨울 —‣151

5. 왕의 나라 기행

왕의 나라 영국 —▸ 157
템스 강은 흐른다 —▸ 163
밤하늘의 꿈꾸는 도시 —▸ 169
자연 속의 은둔자들 —▸ 173
런던의 강남 서더크(Southwark) —▸ 177
로열 보타닉 가든 —▸ 182
허탕 친 런던타워 구경 —▸ 186
황야에 불던 바람 —▸ 191
이천년의 숨결이 흐르는 그곳 —▸ 195
하노버(Hannover)에서 —▸ 201

6. 영원히 낯선 곳에서

인생은 밀물이나 썰물 —▸ 209
우산증후군 —▸ 212

은행나무 추억 —‣215
목장이 보이는 수녀원 —‣219
시골풍경 —‣222
감자와 푸딩 —‣226
잠깐 쉬어가자 —‣230
토끼언덕(Bunny Hill)에서 —‣233

1.

꿈의 텃밭 제주도

바다 곁의 언덕을 지키고 앉아서
내 우울의 바다를 날려 보낸다
풍차는 내 상상의 속도로 날갯짓하며
너울너울 밀려오는 우울의 파도를 저쪽 구름너머로 날려 보낸다
나는 어느 순간에 날개 펼친 풍차가 되어있었다
내 영혼의 희미한 회심을 날개에 품고
날아가거라 날아보렴
주문을 외우며 힘찬 날갯짓 한다.

- 「풍차의 언덕」에서

이상한 땅

제주도에 이사 온 다음해였습니다. 몇 십 년 만에 온 것 같다는 무시무시한 태풍이 휩쓸고 지나갔어요. 그것도 내가 사는 마을 앞 바다를 휩쓸고…. 바닷가의 나의 집은 해일이 덮칠지도 모를 거라 해서 나는 황급히 제주시내로 피난을 갔었지요. 피난지에서 돌아와 보니 정말로 바닷물이 나의 집 현관문까지 덮치고 갔나 봐요. 바다쓰레기를 한가득 몰아다 놓고서. 어느 날 저를 방문한 친지가 문밖을 나서다가 방파제에 넘실대는 파도를 보고 바다가 우리가 서 있는 땅보다 높아 보인다고 해요. 그러고 보니 정말 그런 것 같았어요.

그 이후로 이빨을 드러낸 강풍이 늘 몰아치는 바닷가의 삶을 적응하기가 하도 어려워서 이사를 갔으면 했으나 내겐 방법이 없었습니다. 그래서 내 삶의 분기점에서 없는 길을 찾으려는 마음을 접고 그대로 이곳에서 살기로 했습니다. 이 거친 자연을 멘토로 삼고 말입니다.

영국의 성공회 '예수성명 수도회'의 베레나(Verena Schiller)수녀님의 삶을 생각했기에 가능했어요.

제가 영국에서 제주도라는 섬으로 귀국한다고 하니까 지도사제께서 『단순화한 삶』이라는 책 한 권을 건네 주셨어요. 저자가 '베레나' 수녀인 이 책은 '받지(Bardsey)'라는 섬이 마주보이는 웨일즈의 '펜 린'이라는 반도의 끝자락에서 수녀님이 25년 동안 독거로 수도생활을 하신 기록이었지요. 그곳을 가볼 기회는 없었으나 글을 읽으니 그곳은 바다가 가까이 보이는 황무지(?)에 틀림없는 고장인 듯합니다.

베레나 수녀님은 이곳에서의 25년 삶의 여정을 책 속에서 세 파트로 엮어냈다고 그녀의 '에필로그'에서 말했습니다. 먼저 '펜 린'이라는 이 지역에 대한 이야기, 다음으로는 이 고장에서 홀로 살아가는 여정의 기록, 끝으로 그곳에서 살았던 신앙적 교부들의 영성에 관하여 우리 모두의 보편적 삶에서 본받고자 하는 권유라는 것입니다.

사실 수도회에서 허락을 해주셨지만 이런 독거 수도생활은 내게도 베레나 수녀의 여정처럼 모험입니다. 먼저 경험하신 베레나 수녀님의 은수생활의 기록은 뜻밖에 발견한 좋은 멘토였습니다. '아! 그렇지, 그렇게 할 수밖에…' 하는 감탄이 나왔고 공감이 되었습니다.

수녀님이 사신 곳은 정말 주소도 없는 황무지가 분명한 것 같았습니다. '받지 섬 반대편 펜 린 반도 끄트머리 오두막에 사는 수녀'라고 적힌 번지수도 없는 편지를 받아보고 정말 놀랐다고 말합니다. 24년간이나 입고 있던 공동체의 수도복장인 해벳을 벗고 살았는데도 말이에요. 수도복을 벗으니 수도자라는 정체성이 없어지는 것 같아 갈등이 되는데도 그들은 알아본다는 거죠. 바다로부터 불어오는 강풍과 물이 진창이 되어있는 들에서 수도복을 입고 생활한다는 것은 전혀 실용적이지 않기 때문이었다고 수녀님은 말합니다.

무엇보다도 은수생활의 제일 큰 변화는 공동체 안에서처럼 특정 지어진 일이나 책임이 없고 기도시간도 늘 혼자라는 것이라고 말합니다. 정말 그래요. 어떤 날은 무엇을 해야 할지, 혼자 스스로 하루하루 직무를 그때그때 만들다보면 게을러지기가 아주 쉬운 거죠.

오두막을 둘러싼 텃밭을 가꾸는데도 새로운 경험을 말합니다. 이건 전혀 쉬운 일이 아니라고, 짠 소금을 실은 바다에서 직통으로 불어오는 세찬 바람은 나무와 채소들의 잎을 노랗게 바삭거리도록 말려버린다고. 나도 제주도에 와서 바닷가의 집들엔 나무 한 그루 없이 채소도 가꾸지 않는 삭막함을 보고 의아했었는데…, 어쩌면 이렇게 같을까요.

사막에서의 은수자들은 '홀로 하느님과 같이 머무는 수도자의 작은방'이 사막이라고 했답니다.

'방에 머물러 있어라. 그러면 방이 모든 것을 가르쳐 줄 것이다'라고…. 태풍이라도 몰아치게 되면 정말 며칠을 문밖에도 나갈 수 없고 방에만 머물면서 떨어야 했던 내게 한 말인 것 같습니다.

많은 신앙의 교부들이 묻혀있다는 '받지 섬'이 건너다보이는 웨일즈 반도의 끝자락 오두막의 작은방에서 머물며 수녀님은 오늘도 무엇을 찾고 있을까요. 태풍이 몰아쳐오기라도 하면 몇 날 며칠씩을 전력이 끊겨 빛이 없는, 세상의 가장자리로 물러앉은 어둠 속의 오두막, 그 작은방 창을 통해서 '받지 섬'의 등대를 바라본다고 합니다. 어둠 속에서의 벽이라도 수녀님에게 말을 걸기를 바랍니다.

요즈음엔 독거수도자들이 많아지는 숫자만큼이나 은수의 생활방식도 많다고 말합니다. 수녀님의 바닷가 생활이 나의 환경과 흡사해서 나도 이곳의 생활에 용기를 가지게 됩니다. '회색빛의 희망'이라고나 할까요? 제주도가 '받지 섬'처럼 그리스챤 교부들과 수도자들이 살았고 묻힌 거룩한 땅은 아닐지라도 많은 무속의 신들이 존재하는 땅만은 분명한 것 같습니다. 내겐 정말 이상한 땅입니다.

웨일즈의 시인이며 영국 성공회의 사제였던 로널드 스튜어트 토머스(R. S. Thomas)께서도 이 지역에서 목회하시며 많은 아름다운 시를 남기셨나 봐요. 2000년에 타계하셨다니 수녀님과 동시대에 살았던 것 같습니다. 수녀님이 책 속에 인용한 그의

'방에 머물러 있어라. 그러면 방이 모든
것을 가르쳐 줄 것이다'라고…. 태풍이라도
몰아치게 되면 정말 며칠을 문밖에도 나갈
수 없고 방에만 머물면서 떨어야 했던 내
게 한 말인 것 같습니다.
—<이상한 땅>

시 일부를 옮겨 봅니다.

아무도 가지 않는 섬이 있다.
조그만 배가 길의 수단인 곳
길게 누워 서로 몸 비비는 놀란 얼굴의 해변의
자갈들 밟으며 성인들은 그곳엘 갔다.
그래서 저쪽 소금의 길을
나도 가 보았다.
섬에는 시간이 없다
시계도 날짜도 없는데
흔들리며 춤추는 타이드의 향연이 있을 뿐.

- Thomas R. S. 받지 섬으로의 「순례」의 일부

풍차가 있는 마을

쏴아 쏴-아….

새벽녘으로 아스라이 파도 밀려오는 소리 들으며 선잠을 깨곤 했다. 일어나 창을 열면 멀리 내다보이는 새벽바다는 검게 삼킬 듯한 파도가 밀려왔다. 장마와 태풍의 계절에 이곳 제주도에 이사 온 지 몇 주가 지났다. 바닷가의 나의 집은 습습하고 바다로부터 기어들어오는지 바다 벌레인 듯한 생소하게 생긴 것들이 많기도 하다. 바닷가 동네는 지저분하고 사람들은 억세 보이고 시끌벅적하다. 이런 환경이, 벌레들이 나에게 달라붙는 꿈을 꾸게 한다든가 해서 내게 들어온 여름감기도 떠날 생각을 하지 않고 있나보다.

"안되겠다. 하느님께 내 마음과 이 집을 축복해 주시기를 부탁하는 수밖에…."

제주시에 계시는 신부님과 부제님을 오시기를 부탁드려서 성수를 온 집에 뿌리며 축복하고 나의 마음도 거룩한 이슬로 축복하듯 축복했으며 성수(聖水)는 집에 비축해 두었다. 유사시에 또 쓰려고….

오늘도 새벽녘에 선잠을 깼다. 모처럼 장마는 개이고 바람이 세게 불어온다. 창으로 내다본 동쪽 하늘가가 붉게 물들어 온다. 저 멀리 동터오는 하늘가에 풍차의 날개는 바람에 시원하게 날갯짓을 하고 있다.

"오늘은 풍차가 있는 곳으로 새벽산책을 가 보리라."

혼자 중얼거리며 마음이 급해져서 얼른 아침기도를 드리고 집을 나섰다. 아직 이른 아침, 해변을 따라 하얀 모래를 밟으며 아무도 없는 조용하고 고즈넉한 바닷가를 걸었다. 집에서 손에 잡힐 듯 하던 풍차는 꽤 멀리 있었던 거였다. 해변에서 '해맞이 해안도로'에 올라서 길을 따라 걸었다. 이른 아침의 도로엔 자동차도 없고 오직 한 여인이 나처럼 카메라를 들고 한 손에는 산나리를 꺾어들고 걷고 있었다.

풍차가 있는 해안가 언덕으로 오르는 길 가에는 해국이며 산나리들이 피어있고 칡덩굴이 야트막한 나뭇가지 위를 타고 죽죽 벋어있었다. 그리고 호랑나비들과 흰 나비들은 길가의 엉겅퀴 꽃에 앉아 열심히 꿀을 채집하고 있었고…. 시원한 바닷바람이 불어오고 햇볕은 이 고요한 아침을 축복하듯이 비춰주시고 있었다.

"아! 아름답기도 하다! 이른 아침의 이 고요함과 평화로움!"

바닷가와 해안도로를 끼고 높이 솟아있는 풍차의 날개는 이윽고 떠오른 아침 햇볕 아래서 빛을 발하며 열심히 날갯짓을 하고 있었다.

"이 바다가 보이는 풍차의 언덕을 나는 떠나고 싶지 않아!"

풍차의 언덕에서
바다 곁의 언덕을 지키고 앉아서
내 우울의 바다를 날려 보낸다
풍차는 내 상상의 속도로 날갯짓하며
너울너울 밀려오는 우울의 파도를
저쪽 구름너머로 날려 보낸다
나는 어느 순간에 날개 펼친 풍차가 되어있었다
내 영혼의 희미한 회심을 날개에 품고
날아가거라 날아보렴
주문을 외우며 힘찬 날갯짓 한다.

이런 자작시를 노래하는 동안 해는 벌써 꽤 높이 올라 있는 걸 보니 나는 집에서 너무 멀리 와 있는 거 같았다.

이미 더위는 이 아침나절을 점령하고 나는 서둘러 집으로 왔다. 두 시간 반이나 걸었던 것이었다. 아마도 언덕의 꽃들과 나비들에 홀렸었나 보다.

집에 돌아오니 돌아올 집, 나만의 공간이 있다는 것이 이렇게 좋다! 지난번 신부님이 집에 방문하셨을 때 "수녀님 부자 되셨네요!" 하고 새집을 보시며 말씀하셨다.

그렇다 나는 부자다! 나, 가진 것 아무것도 없는 수도자이어도 부자다! 사람을 통하여 일하시는 하느님께서 사람의 마음을 움직이시어 이런 기적도 행하신다는 것을 나는 안다.

자, 오늘도 나는 이 새로운 곳에서 아침산책으로 축복의 날을 시작할 것이다.

미네르바의 부엉이

까만 돌담을 의지해서 동백꽃이 피어있다. 석양 아래서 더욱 붉게 보이는 동백꽃은 노란 분말을 날리며 꿈을 꾸고 있다. 저 멀리 수평선에 가라앉는 석양을 향해 갈매기도 얕게 날고 있다. 영국의 수도원에서 이곳 섬, 제주도로 거처를 옮긴 지 벌써 꽤 많은 시간이 지나가고 있다.

제주도는 내가 한 30여 년 전에 한 번 여행으로 와본 곳이다. 그때는 정말 큰맘 먹어야 일생에 한 번 올 수 있는 곳이 아닐까 생각되었다. 온화한 날씨와 이국적인 풍경과 그리고 막연히 '섬'이라는 말이 나를 사로잡았다. 우연인지 필연인지는 모르겠으나 영구적 귀국을 결심할 때 제주도로 오게 된 것은 아마 그때 여행 중에 내 마음속에 각인되었던 아름다운 정서가 작용하지 않았나 생각된다.

지금 제주도는 나의 현주소다. 그러나 지금 내게는 이곳에 아무도 없다. 깜박깜박 깜박이는 등대가 내 친구라고나 할까? 적막한 바닷가 마을에서 지낸 지 두어 해가 지나고 있지만 이곳엔 친구도 별로 없다. 그건 이상할 게 없다. 내가 살아오는 수도생활의 특성 때문일 것이다. 또한 제주도라는 생활문화가 이웃과 쉽게 가까워지기가 어려운 듯하다.

그렇지만 나는 이 섬의 자연과 친해보려고 한다. 떠오르는 태양이나 바다로 가라앉는 석양 아래서 멀리 바라보기만 해도 위안이 되는 한라산. 그런 자연이 내 친구가 될 수 있으면 좋겠다.

섬! 섬이 가진 개념이 무엇이었던가? 아무것에도 구애받음 없이 나 스스로 고독을 친구삼아 사는 곳이 섬일 것이라고 생각했었다. 그런데 섬에서 살아가다보니 어느새 나 스스로 하나의 고립된 섬이 되어가고 있음을 깨닫는다. 아름다운 섬이라도 언제나 살기에는 그리 낭만적이지 않다. 오히려 절해고도에 유배 온 것같이 철저히 고립된 감정에 빠질 때가 있다. 어떤 때는 초조하기까지 하다. 고독과 고립은 전혀 다른 개념인데 말이다.

요즘은 이 감정들을 극복해 보려 노력하고 있다. 생각과 행동을 긍정적으로, 느리게, 둥글고 부드럽게, 직선보다는 곡선으로, 웃음보다는 눈물의 가치 같은 것을 화두로 삼고 생활해 보려 하고 있다. 고립의 감정을 고독의 차원으로 뒤집기라고나 할는지 아니면 이제까지 해오던 생활의 규범에서 좀 자유로워지는 그런 생각을 해보려한다.

나를 포함한 수도자들은 침묵과 노동, 절제를 기본으로 하고 산다. 시간을 일분이라도 아껴 쓰며 손을 움직여 노동을 하는 것이 몸에 배어있다. 그러나 이젠 좀 손 놓고 게으름도 피워가며 살려한다. 언젠가 영국의 수녀님이 하신 말씀이 떠오른다.

"이제까지 수도자로서 다른 사람을 위하여 봉사하며 살았으니 이제부터는 너 자신을 위해서 살아도 되지 않을까?"라고 하셨던 것이다. 나는 그만큼 오래된 사람인 것이다.

이 얼마나 고마운 말이던가! 그래서 지난날 하고 싶었으나 하지 못했던 것들, 마음에 차곡차곡 침묵으로 쌓아두었던 것들을 꺼내어 표현해 보고 싶다. 그것이 그냥 문학이라 해도 좋고 잃어버린 마음을 일깨워 주는 순수의 '시'라면 얼마나 좋겠는가! 아무튼 좋아서 시의 가장자리를 얼쩡거리며 시상을 떠올리려 노력은 한다. 그러나 구세대인 나는 요즘의 현대시가 무슨 소리인지 도통 모르는 때도 많다. 이럴 땐 내가 외계인 같기도 하다. 어쨌건 내가 좋아하는 옛 서정시의 가치 같은 것이 사라지고 있는 것 같은 느낌은 나만의 생각인지 모르겠으나 슬픈 일이다.

아무튼, 나같이 오래된 사람이 이 시대 문명의 현란한 불빛을 따라, 하고 싶은 것을 하기에 힘겹다. 그렇지만 그렇게 적당히 느릿한 곡선으로 살자고 하면서도 뭔가를 할 때 살아 숨

쉬는 것같이 느끼니 어쩔 수 없는 나에 대한 연민 때문에 혼자 웃어보기도 한다.

지혜의 여신 미네르바의 상징인 부엉이는 날이 저무는 황혼녘에 날개를 편다고 독일의 철학자 '헤겔'이 말했다고 하지 않던가?

고백하건대, '미네르바의 부엉이'처럼 나도 내 삶의 황혼에 오래된 그리움의 날개를 활짝 펴 날고 싶다. 그것이 삶의 철학이라면 좋겠지만 아무래도 좋다. 내겐 아직도 오래된 것이 지혜인 것 같기 때문이다.

나의 세계를 힐끗 훔쳐보는 저 서늘한 바람의 질주가 있는 곳 제주도, 이 섬이 나에게 지혜의 섬, 극복과 치유의 섬, 무엇보다도 성찰의 섬이 되었으면 좋겠다. 그리하여 석양에 난다는 미네르바의 부엉이처럼 이 섬에서 석양을 향하여 날아 보기를 꿈꾼다.

꽃의 감성

장에서 꽃을 샀다. 이름 모를 노오란 키 작은 꽃이다. 어제 교회에서 미사 드리고 마침 민속오일장날이기에 장에 갔다. 장날엔 그냥 구경만 하는 것으로도 어릴 때 향수를 자극해서 좋다. 장에서 들고 온 꽃 화분을 기도상위 천사상 옆에 놓으니 방이 환해진다. 오늘아침 눈앞에 작은 꽃 화분을 보며 명상하니 내 영혼의 뜰에 화사한 봄날이 온 듯하다.

내 이 나이쯤 되면 소녀 같은 감수성은 사그라져 없어졌어야 맞는 것 같은데, 아직도 나의 감수성에는 나이가 없나보다. 꽃가게를 지나다 꽃을 보면 충동적으로 사고 싶고 들길을 걸을 때도 들꽃을 만나면 그 앞에서는 발걸음을 멈추게 된다. 그리고는 몸을 낮추어 눈길을 주며 미소로 대화를 나눈다. 오늘아침 문득 꽃에도 감성이 있을까 하고 엉뚱한 상상의 나래를 폈다.

하나님의 성소에서 보내는 시간이 아마도 내 인생의 시간에 반은 넘지 않나 하는 생각이 든다. 물론 성소에서 수도자로서 기도드리는 시간이 제일 많았지만 그 많은 시간 중에 하느님께 바치는 꽃을 성소에 장식하면서 많은 시간을 썼다. 무슨 말이냐 하면 성전을 장식하기 위하여 '꽃꽂이'라는 이름으로 꽃의 그 생명이 내 손을 통하여 하느님께 바쳐진 것이다. 그렇게 하기 위해서 나는 꽃의 생명을 꺾었다.

특히 영국수녀원에 살 때에는 성전이나 수녀원 어느 곳에든 꽃으로 장식할 일이 있으면 내가 했다. 그 소임을 원장으로부터 받은 것이다. 아주 관대하게도 정원의 어떤 꽃이든 내가 필요하면 꺾어도 된다는 말까지 하셨다. 생명을 아주 존중하고 정원의 꽃 가꾸기에 자부심을 갖는 영국인들의 분위기인데 열심히 가꾸어 놓은 것들을 싹둑싹둑 잘라오다니 오히려 그런 소임을 받은 것이 부담스러웠다. 처음 얼마 동안은 주어진 특권이라 생각하고 그 넓은 수도원 정원이며 숲의 꽃을 수집하러 다니는 것이 즐거웠다.

그러나 점점 꽃송이나 그 가지들이 싹둑싹둑 내손에서 잘려 나가는 것을 보며, "꽃에도 감성이 있을 텐데 꽃에게 이렇게 무자비한 짓을 하다니 이런 것을 하느님이 좋아하실는지…." 하는 생각 때문에 갈등이 자주일곤 하였다. 혹자는 '하느님께 바치는 것은 생명을 완전히 바쳐야 그 값어치가 있기 때문에 그 생명을 내놓아야 한다'라고 하는 소리를 들었다. 화분에 심겨진 꽃을 성소에 놓는다면 그 생명까지 드리지 않는 것이기에 교회의 관례로 꽃꽂이를 해서 그 희생을 드려야 맞는다는 것이었다.

글쎄, 그렇지만 이건 순전히 아이러니다. 꽃꽂이를 해서 성전에 바치고 그 후 꽃들을 돌보는 나로서는 꽃을 장식한 후 꽃이 빨리 시들세라 자주 물을 주고 돌보았다. 그런데 꺾인 꽃들은 그 생명을 돌볼수록 그 영광과 빛은 빨리 스러지고 만다. 꽃송이들을 들고 어떻게 하면 좀 더 그 생명을 연장할 수 있을지 안타까운 마음이었다. 결국 쓰레기 통으로 던져 버려지는 꽃가지들을 보는 게 싫었다.

식물도 생각한다든지 의사소통이 된다든지 하는 연구 결과를 책을 통해서 읽은 적이 있다. 그러니 꽃이나 어떤 식물이든 감성이 있을 게 분명하다. 그런데 지금까지 나는 그렇게도 많은 꽃의 생명을 많이도 무자비하게 싹둑 싹둑 잘라버렸던 것이다.

요즘은 꽃의 목숨을 자르는 것을 지양하려 노력하고 있다. 혼자사니 꽃을 꺾어서 장식을 하지 않아도 뭐라고 그럴 사람이 없어 좋다. 대신에 자그마한 꽃 화분들이나 관엽 식물들의 분을 구해서 가꾼다. 이것저것 철따라 구해 놓았더니 친구가 되어주는 것이 좋다. 쑥쑥 잘 자라기도 하고 숫자가 많아져서 좋으나 돌보려면 꽤 부지런해져야한다.

그런데 영국 모원에 약 한 달 동안 다녀오게 되어서 궁여지

책으로 교회의 신부님께 물 주실 것을 부탁드렸다. 주간에 한 번 정도 오셔서 화분들에 물을 주실 수 있다고 하셨던 것이다. 돌아와 보니 열심히 돌보셨는데도 불구하고 잎들이 노랗게 삭아있어서 그 뿌리가 살아있는 것인지조차 분간하기 어려웠다. 더러는 아예 분을 엎어버리고 더러는 물과 눈길을 주며 이래저래 식물들에게 마안한 마음이다. 죽이기는 꽃을 꺾었던 것이나 화분의 그것을 죽이는 것이나 같은 결말이 되었으니….

요즘 줄기만 남아있던 성탄꽃이 잘 돌보니 싹이 보이기 시작하더니 잎이 줄기로부터 자라기 시작한다. 성탄절기에 맞추어 푸른 잎이 빨갛게 변하는, 그래서 그 이름이 성탄꽃, 한 달 동안 잘 돌봄을 받지 못해서 이제야 뒤늦게 빨간 꽃잎들이 화분에서 만발하고 있다.

지금은 사순절이 시작되었는데 말이다!

"성탄꽃아 너도 네 소임을 다 하느라 수고하고 있구나! 네게 미안하고 고맙다."

내 이름에 대한 명상

누군가의 이름을 부를 때 가슴이 벅차오르며 기쁨과 위로를 느낀 적이 있는가? 나는 한때 성가(聖歌) '예수의 이름 들을 때'라는 가사의 노래를 부를 때면 그런 경험이 있었다. 그럼 '나의 이름이 누군가에게 기억될 때 단 한 번이라도 마음이 벅차고 기쁨과 위로가 된 적이 있을까?'라는 단상에 빠져본다. 혹시 내가 태어날 때 나의 부모님께는 기쁨이 되었을까? 물론 그러셨을 것 같지만 타인에게는 글쎄 잘 모르겠다.

돌아가신 나의 어머니께서 내 이름이 어떻게 해서 지어졌는지 말씀해 주셨다. 내 이름은 계선(季仙)이다. 설명은 이러하셨다. 나는 어머니의 네 번째 아이로 태어났다. 물론 그 시대에 산아제한 같은 것도 잘 몰랐을 것이고 모두 자연에 맡기셔서 내 위로 더 많은 아이가 있었으나 한두 명 일찍 잃으셨다고 한다. 가난한 살림에 양육이 얼마나 힘들었을지 짐작이 간다. 아버지께서 이름을 지으셨다는데, 대개는 할아버지들이 이름을 지어 주시지만 나의 조부모께서는 일찍 돌아가셔서 나는 얼굴도 뵌 적이 없다.

부모님은, 자식이 이미 세 명으로 충분하니 내가 막내둥이가 되기를 바라셔서 그들의 '마지막 천사'가 되라고(말재 季 신선 仙) '계선'이 되었다는 것이다. 그러나 이를 어째! 부모님의 소망은 이루어지지 않아서 더 빠른 두 살 터울로 동생이 태어나고 말았다!

"아니 이름에 仙 자를 쓰다니 사람 이름에는 안 쓰는 글자인데 참 이상하군요."

어느 기회에 만난 불교의 '법사'라는 분이 내 이름을 보고 뭐를 안다는 듯이 한 말이다. 그리고는 '仙' 자는 신선의 뜻도 있으나 귀신이라는 뜻도 되니 이름 상으로 보면 나는 산속에서 혼자 살아갈 운명이라고 친절한 설명까지 하는 것이었다. 옳거니! 듣고 보니 말 되네! 나는 수도자로 독거하며 살고 있으니 '산 속이나 무엇이 다른가?'라고. 그 순간 내 이름에 내 운명이 예시된 것이고 지금 사는 모양새가 내 운명대로 살고 있는 것임을 알아차렸다.

나는 하느님을 만나서 나의 신앙의 대상으로 삼고 그 자녀로 다시 태어나는 의미인 세례로 세례명도 받았다. 나의 세례명은 성경 속의 유태인의 이름 '한나'이다. 세례 받을 때 열두 살 어린 나이였다. 이때도 내가 선택한 이름이 아니었고 교회원로로부터 주어졌다. 너는 '한나'의 믿음처럼 살라고.

한나가 믿음은 좋으나 구약 사무엘의 '어머니'라는 이미지 때문에 별로 탐탁지 않았으나 선택의 여지는 없었다. 그런데 운명처럼 점점 또 그 이름도 좋아졌다. 자연적으로 교회 안에서 수도자의 허원을 했으니 그때에 크리스천 네임인 '한나'라는 이름으로 축성되었다. 그리고 내 생애의 삼분의 이를 한나로 불리워지고 있으니 두 번째 주어진 이름이 나의 본 이름처럼 되었다.

닭이 먼저인지 계란이 먼저인지 알 수 없듯이, 이름에 대해 생각하면 마치 운명의 꼬리표처럼 따라다니는 게 아닌가 싶다. 아니면 이름의 의미처럼 운명 지어진 것인지….

이름! 다른 사람에게 기억되고 불린다는 게 얼마나 좋은가! '나의 빛깔과 향기에 알맞은, 누가 나의 이름을 불러다오'라고 김춘수 시인은 그의 시 「꽃」에서 말했다. 또한, 많은 훌륭한 사람들이 그들의 명성을 휘날리고 있다.

이름도 빛도 없이 그림자처럼 저 낮은 곳에서 살아가는 나는, 내가 이 세상에 없을 때 내 이름은 사람들의 기억에서 하얗게 지워질 것이라고 생각한다. 그러나 나를 지어내시고 이름 지어 불러주신 하느님과 나의 부모님께 틀림없이 기억될 것이다.

어느 생일날에

설 명절이 지나고 봄이 열릴 무렵 '입춘'이라는 절후가 온다. 이때쯤 나는 이 세상으로 다시 태어나는 생각을 하게 된다. 아직은 매우 추운 날들이지만 꽁꽁 언 틈새로 삐죽이 나오기를 엿 보는 듯한 봄의 전령들을 느낄 수 있기 때문이다. 그리고는 봄이 곧 오겠구나! 하고 괜스레 설레기도 해서 밖으로 쏘다니기도 한다.

올해도 설이 지나고 그 같은 생각이 마음에서 일어날 때 달력을 보니 '입춘'이다. 그리고 딱 음력 정월 오일과 겹쳐 있었다. 정월 오일! 이날은 내가 귀빠진 날이다.

어머니가 안 계신 지금 진짜 내 생일을 기억해 주는 이는 아무도 없다. 내가 젊은 수녀일 때는 어머니가 생존해 계셔서 기억해 주셨다. 옛날 사람인 어머니에겐 익숙한 풍습도 아니었을

보통 인간사의 희로애락을 다 절제하여
접어두고, 부모께 불효를 감수하며 살아온
수도생활, 걸어온 먼 길을 되돌아보니 깊은
회한이 엄습한다. 그러나 홀로 오직 그분께
기도로 말한다.
'나는 누구도 대신할 수 없는 하느님 앞
에 오직 한 사람이겠지요. 하느님?'
—〈어느 생일날에〉

텐데 어디서 생일 케이크라는 걸 사들고 수녀원으로 가져다주시곤 하셨다. 수녀님들과 함께 먹으라고….

어머니! 이 추운 정월에 나를 낳으시느라 얼마나 고생을 하셨을까! 생각하니 가슴이 먹먹하며 눈물이 핑 돈다.

지금은 나의 진짜 생일을 기억해 주는 이는 없지만 생일이 여러 날이기도 하다. 무슨 소리냐고!

외국으로 떠돌며 여러 해를 생활하다보니 어디를 가나 나의 서류상으로는 태어난 날이 1월 5일이다. 음력이 외국의 서류위에서는 사라져 버려서 통상 달력으로 1월 5일이 되어 있었다. 그 옛날에 부모님은 음력으로만 올려놓으셨고. 구태여 고칠 길도 없어서 그대로 두니 웃지 못 할 해프닝도 일어난다. 영국의 수녀님들과 같이 생활할 때에는 음력, 양력, 그런 거 설명을 해도 헷갈려 하시니까 그냥 두어 버리니 내 생일은 원래보다 한 달쯤 이른 생일이 되었다. 그래서 미사기도 시간에 기념하며 기도해 주시고 생일 카드를 주시며 앞당겨? 기념해 주신다.

캐나다에 살다가 영국으로 옮겨 수녀님들과 생활을 시작하던 때이었다. 5월 1일이었는데 갑자기 '해피 버스데이!' 하시며 생일 축하 카드들을 주시며 축하해 주시는 게 아닌가!? 어리벙벙하게 있다가 "오늘 제 생일이 아닌데요." 했더니, "아니 네 서류에 그렇게 되어 있던데." 하시는 것이었다.

그러니까 나는 내 생일 날짜를 캐나다 식 즉 아메리칸 식으로 '달/날짜/년도' 순으로 적었던 것이다. 영국식은 '날짜/달/년도' 순이라 월일이 바뀌었던 것! 영어권이라 생각 없이 같은 줄 알았던 것이다. 그 후로는 이것 하나만은 확실히 배워서 영국식 날짜 표기를 잘 하고 있다. 하찮은 차이 같은데 이런 실수로 그때쯤에는 생일을 세 번이나 지내는 해프닝이 있었다. 1월 5일, 음력 정월오일, 5월 1일!

아버지 날 낳으시고 어머니 날 기르시니
두 분 곧 아니시면 이 몸이 살았을까
하늘같은 은덕을 어디다 갚사오리.

생일날 아침, 내 앞에 있는 기도상 위에서 팔락이는 촛불을 바라보며 어렸을 때부터 늘 들어오던 '정철'의 시조구절이 떠오른다. 나는 부모의 은덕을 알기나 아는 자인가? 부끄럽다. 홀로 살아가는 지금엔 진짜 내 생일은 아무도 모르게 지나간다. 어머니가 안 계시니….

보통 인간사의 희로애락을 다 절제하여 접어두고, 부모께 불효를 감수하며 살아온 수도생활, 걸어온 먼 길을 되돌아보니 깊은 회한이 엄습한다. 그러나 홀로 오직 그분께 기도로 말한다.

"나는 누구도 대신할 수 없는 하느님 앞에 오직 한 사람이겠지요. 하느님?"

'이날은 주께서 (나를) 내 신날 함께 기뻐하며 즐거워하자.(시편 118편 24절)'

'This is the day the Lord has made (me) Let us rejoice and be glad in it(Psalm 118, 24)'라고 감사드린다. 팔락거리는 촛불언저리에서 하얀색 날개의 천사가 날 위로해 주는 듯하다. 늘 갈등의 시간을 이제껏 오래도 살아온 것 같다. 그래도 긍정적 마음으로 최선을 다해 내 앞에 놓인 생을 살았으니 하느님께서는 있는 그대로 받아주시리라 믿는다. 날마다 새롭게 다시 태어나는 마음으로 살기를 노력해야 할 것이다.

멀리 있는 그 스스로의 생활도 바쁜 여동생에게 전화를 했다.

"너 오늘 내 생일인거 알고 있냐?"

"어마야 그렇구나! 참 외로운 인생이다! 언니야는 스스로 미역국이라도 끓여 먹으라. 언니야."

동생말대로 미역국을 끓여 먹으며 어머니 출산 고통의 생각에 목이 멘다.

"어머니 날 낳으시고 미역국이나 편하게 드셨는지…."

아침마다 뵙는 하느님께

주님 오늘 아침도 무릎 꿇고 인사드립니다. 지금 영국이라는 땅에서 이곳 제주도로 이사를 와서 살고 있습니다. 섬에서 섬으로 왔네요. 그 크기는 다르지만….

잘 아시는 대로 저의 생활은 몇 십년 동안 침묵의 적막 속에서 오직 하느님께만 소통하며 살아왔다고 할 수 있지요.

지난 십여 성상 영국에서 수도자로 살아온 시간을 돌이켜 봅니다. 그때엔 모든 것이 어긋나기만 하는 것 같았어요. 침묵하는 일은 내적 고요를 연습하는 일이고 적막을 경험하는 일은 고독 속에 오직 마음의 자유를 얻기 위함이 아니겠습니까. 그러나 옛일을 잊거나 잠재워야 하는 저로서는 침묵이나 적막이 묘약이 되지 않았습니다. 그때는 말입니다.

수도자로서 아이러니입니다만, 다 제 부족한 소치였지요. 그러나 침묵이나 외국인 속에서의 적막은 결코 외로움이나 시련이 아니었습니다. 참고 견디는 동안 하느님은 제게 작은 통로를 보여주셨습니다. 그것은 새로운 장소, 이곳에서 새로운 도전으로의 마음의 자유를 주신 게 아닐까 생각됩니다. 일단 이곳으로 인도해주신 하느님, 이제부터 항상 저와 같이 계셔 주실 줄 믿습니다. 갈등과 시련은 어디서나 계속되겠지만 그때마다 답답하면 하느님께 의논드리겠습니다.

오늘 사순대재 절기가 시작되는 날입니다. 봄도 같이 왔지만 바닷바람은 차갑기만 합니다.

'골방에 들어가 문을 닫은 다음 숨어계신 네 아버지께 기도하여라.(마태,6:6)'라고 오늘아침 주님은 말씀하시네요. 이 말씀을 들을 때 '나의 골방은 어디인가?'라고 스스로에게 물어봤습니다. 물론 기도할 때나 선행할 때 조용히 남모르게 하라는 말씀이라고 이해는 합니다만….

골방 하니까 떠오르는 추억 하나 있습니다. 어릴 때, 이웃집인 동무 집에는 진짜 골방이 하나 있었어요. 초가삼간 윗방 뒤쪽에 그들이 골방이라고 하는 작은방 하나있었지요 그 집에 놀러갔을 때 동무와 은근히 얘기하던 장소지요. 거기는 창문도 없었고요. 겨우 앞문이 하나있고 곡식 가마니들이 쌓여 있었지요. 그러니 늘 어두컴컴했어요. 그곳엔 쥐도 짹짹거리며 가끔 드나드는 걸 봤지요.

그런데 동무와 어른들 눈에 띄지 않게 소곤소곤 얘기하기는 아주 좋았어요! 오늘아침 '성경말씀으로 오신 골방은 그런 곳을 말하나보다'라는 엉뚱한 생각을 하게 되네요.

어릴 때 동무와 골방에서 소곤소곤 이야기 하듯이 하느님 당신과 조곤조곤 이야기할 수 있는 그런 골방을 내 마음속에 마련해야 하겠습니다. 쓰잘데 없이 제가 기도하는 사람이란 걸 다른 사람들이 알 수 없는 그런 골방을!

밖으로는 말이 드물고 안으로 침묵이 깊어지는 저의 골방을 마음속에 만들고 싶습니다.

지난겨울은 몹시도 추웠습니다.

제주도에 이사 오자마자 오일장에서 사다 심은 뒤란의 여름 귤나무 두 그루, 소금기 머금은 바닷바람에 누렇게 마른 그 '여름 귤' 나뭇잎을 볼 적마다 마음이 아프네요.

내 상상 속의 귤나무는 겨울에 가지마다 흰 눈을 이고서 푸른색으로 정정히 서 있어야 하는 건데….

잎들은 모두 얼고 바람에 누렇게 시들어 땅으로 떨어져 쌓였습니다. 누렇게 마른 가지 위에선 푸른 기운을 찾을 수가 없네요.

바닷가의 집인 나의 뜰에는 눈이 쌓일 사이도 없었어요! 어디론가 눈발을 몰아가고 있는 희뿌연 소금을 머금은 늘 젖은 바람만이 불고 있습니다. 오늘 아침에도 젖은 바닷바람만이 뜰을 휘감는 소리가 들립니다.

그래도 땅속의 뿌리는 잘 버텨서 올해도 살아있기만을, 그래서 잎이 떨어진 자리에 새잎이 돋아나기를 기대하며 기다립니다.

주님, 모든 것이 끝났다싶은 그 자리에서 새로이 비롯되는 주님의 섭리를 지금까지 경험하게 해주셨던 것처럼 이 축축하고 짭짤한 바닷바람 속에서 새봄을 기다립니다.

이 사순절에 주님의 부활을 기다리듯이.

소유와 무소유의 사이에서

빗방울소리, 투둑투둣, 똑똑, 쉬쉬…. 베란다 뜰로 떨어지는 소리, 주님 앞에 무릎 꿇고 앉은 이 아침에 또 비가 내립니다.

주님의 계절 여름입니다. 오늘아침 창밖으로 베란다 저쪽 동백나무 아래, 빗속에서 나뭇가지에 깃들이고 있는 새를 봤어요. 비를 고스란히 맞으며 앉아있는 새를….

"아 어쩌지? 추울 텐데…."

사람은 새가 아니니 깃들일 집을 주셨나요? 하느님? 아니 사람을 통해서 이렇게 제게 비를 피할 둥지, 집을 주신 하느님 감사드립니다.

수도자라는 이름으로 하느님의 이름을 빌어서 내게 주어진 비를 피하는 집속에서 나는 편안하게 살고 있습니다. 앉아있는 이 자리 몇 발자국 밖에서 저리 내리는 저 빗소리 들으며 비를 막아주는 머리 위의 천장을 올려다봅니다. 천장 위의 지붕과 앉아있는 이 집이 오늘아침 그토록 고맙네요. 사람을 통하여 내게 집을 주신 하느님 고마움을 어찌 다 말로 표현할는지요.

집, 아늑하고, 편안하고 그리고 이렇게 비가 내릴 때나 바람이 세찰 때나 피난처가 되고…. 그러나 비를 고스란히 맞으며 앉아있는 저 새에게 미안합니다. 등의 깃털 위로 도르르 도르르 빗방울이 흘러 떨어지는데 미동도 하지 않고 앉아있네요.

마당에 하수구가 막혀서 이웃집 앞으로 물이 흘러내립니다. 이를 보고 막대기달린 뻥 뚫는 것을 앞집의 아저씨가 가져왔습니다. 그걸 하수구에 대고 힘으로 압력을 넣으니 펑 하고 뚫렸어요. 물이 막힘없이 술술 빠집니다.

“하! 저게 필요한 거였구나!” 하고 당장 나가서 사왔습니다. 그런데 그 후로 쓸 일은 없으니 잘된 일이지만 이리저리 둘 자리가 마땅찮아 걸리적거립니다. 없애면 또 쓸 일이 생길 것 같아 이러지도 저러지도 못하고 있는 나를 보며 무소유를 생각하게 됩니다.

혼자 살다보니 만약을 위해 남겨두는 물건들이 많아집니다. 주님, 없애면 곧 또 필요해져서 지니고 있게 됩니다. 그래서 수도자들은 같이 살면서 공동으로 쓰라는 거구나! 하고 새삼 느낍니다. 홀로 살다보니 여럿이 살 때와 같이 있을 것은 똑같이 있어야 되니 소유가 많아지게 되는군요. 부엌 살림살이며,

그릇, 요것저것 고장 나면 써야 되는 연장 등등. 집을 소유하고 혼자사니 모든 게 다 필요해서요. 가난이 물건만이 아니고 마음이 중요하지만 혼동됩니다. 그래도 사소한 물건을 쓸 일이 있을까 오래 보관해 두지 않도록 해야겠습니다.

어디 그뿐이겠습니까. 이걸 가져야 되나 말아야 되나 갈등이 심한 것이 한두 가지가 아니더군요. 단순하고 가난한 독거의 생활이란 먼 옛날 사막의 교부들의 얘기인 듯합니다. 이웃도 있고 집들도 많은 동네 속에서 의식주를 스스로 해결해야 합니다. 그러니 시장도 가야하고 시내에 있는 교회에 미사 드리러 먼길을 가야하니 교통수단도 필요합니다. 그래도 궁여지책(窮餘之策)으로 다 내 이름의 소유는 아니고 하느님 이름을 빌어 마련했습니다. 사람들 틈에 끼어 살려니 어쩔 수 없는 것 같습니다. 편리함만 쫓는 것은 아닌지 늘 마음을 살피고는 있습니다.

저를 독거하는 수도자로 이곳에 자리를 잡아주신 줄 압니다. 수도자이니 종교, 하느님, 진리 등등을 테마로 내 생활이 살아져야 하겠으나 저는 이를 얼마간 배재하려 합니다. 하루 24시간 지금까지의 평생을 같이 살아온 하느님은 잠시 저쪽으로 물러나 앉아 계십시오. 그냥 숨 쉬고 느끼고 괴로워하며, 혹 사랑하는 마음을 내 생활에서 있는 그대로 표현할 수 있으면 할 뿐입니다. 그리고 독거 수도자이니 수도자의 단순한 가난함과 기도를 게을리 하지 않기만을 노력해야겠지요. 다 이해하실 줄 믿습니다.

육신의 건강이 허락하는 대로 글쓰기도 허락해 주십시오. 스스로 알아서 무엇인가 소임을 해야 하는데 글쓰기에 매달리는 그 시간만은 유토피아를 꿈꾸게 되는 듯하여 좋습니다.

주님, 주님 앞에 앉아야 이렇게 생각의 정리가 되니 감사드립니다.

2.

검은 휘파람새의 노래

이제는 침묵의 시간,

지금은 주 하느님과 얼굴과 얼굴을 마주하는 때,

나는 나의 축복되고 성별된 삶을 노래하리라,

무한한 쉼의 침묵 안에서.

- 라빈드라나드 타고르

작은오빠

그동안 태풍은 다시 여러 차례 지나가고 정말 오랜만에 햇볕에 빨래를 말리며 따스함을 느꼈다. 이곳에서 두 번째 여름을 지냈다. 지난 몇 달은 햇볕만 났다하면 무더위 이었고 바람만 불었다 싶으면 태풍을 또 몰고 오나 싶은 여름이었다. 태풍도 여러 가지 종류여서 비는 오지 않고 바람만 몰아치는 태풍을 보았다.

짭짤한 바닷물이 실려 와서 뜰에 심어놓은 채소며 꽃나무들을 후려치니 소금기에 절어서 새까맣게 타 죽어갔다. 손바닥만한 뜰을 예쁘게 가꾸고 싶은 나의 소망은 산산조각이 나고 있다. 어쨌거나 오늘은 따사한 햇볕이 정겹기까지 하다. 그러고 보니 오늘의 절후는 '추분'이었다. 한 이틀째 아침에 아주 선선하기도 했다. 계절은 어김없이 오고가는가 보다!

지난여름은 바쁘고 지치고 그런 여름이었다 싶다. 이젠 그 여름의 끝자락에 와 있음이 분명하다. 모든 것이 정리가 되어 가니 한가롭기까지 하다.

가끔 사람들이 '혼자 무엇을 하며 무슨 재미로 사느냐'고 묻는다. 그러면 특별히 할 말이 없다. 수도자이면서 수도원을 이탈해 혼자 사는 내 생활의 특성을 구구절절이 설명하기도 쉽지 않고 나는 그냥 웃는다. 하지만 무엇인가 바쁘게 내가 할일을 만들어서 해야 한다는 생각이 머리에 차 있다. 은거하는 내 생활에서 많은 사람들을 만나고 싶지 않은데 만나고 싶은 사람만 보고 살 수 없는 게 세상살이 아니던가.

그리고 한가롭게 생활하다보면 마음이 혼란스러워지기 쉬워서 이럴 땐 오히려 안절부절못한다. 그래서 무엇인가 늘 손에 할 일을 들고 있는 것이 습관이 되었다. 이럴 때 바느질이 제일 좋고 마음이 안정된다. 그렇지 않으면 그림을 그리고 싶지만 이건 그냥 시간이 있다고 되는 게 아닌 것 같다. 그러니 나의 생활은 무엇을 하던 그것이 기도이어야 한다.

사실 요 며칠은 마음이 허허롭기 그지없었다. 가족 하나를 잃었다. 잃어버린 사람은 나의 작은오빠, 작은오빠는 나이 칠십삼 세에 저 세상 사람이 되셨다. 좀 더 사셨으면 좋으련만 급하게 떠나 버리셨다. 이 세상에 있을 때 자유분방해서 늘 고달프던 작은오빠, 외도도 많이 해서 성실히 살았다고는 할 수 없는데 하느님은 다 용서해 주시나 보다.

이 아침 창밖의 돌담 위에 이름 모를
검은 새는/슬프고도 아름답게 노래 부
르네요! / 나는 저 새를 '검은 휘파람
새'라고 부르겠어요.
—<작은 오빠>

아주 편안히 추석 다음날에 돌아가셨단다. 그러니 제사도 따로 차리는 가족의 수고를 덜어주려는지 딱 추석날에 잡숫게 된 것이 아닌가! 추석날에 사위들 모아놓고 인생 삶의 지침을 강의 하시고 이튿날 새 옷 갈아입고 응접실 소파에 앉아 '오실 손님을 기다린다'고 하더란다. 그래서 '추석 손님은 다 다녀가서 올 사람이 더 없다'고 하자 방에 들어가 옷 벗고 누워서 눈 감고 돌아가셨단다. 세상에선 이런 사람을 잘 죽는 사람이라고 하던가. 복 있는 사람이라고 하던가!

그 영혼이 평안히 안식하시기를 바라며 비가 장대같이 퍼붓는 새벽을 뚫고 제주시의 교회로 가서 위령마사를 올려 드렸다. 나는 이제 부모도 안계시고 오빠들마저 다 돌아가시고 천애의 고아라는 생각이 뼈 속 깊이 실감되는데… 서늘함이 몸에 휘감기는 이 가을의 새벽이 더욱더 쓸쓸하다.

작은오빠 영전에 애도의 글을 올린다.

작은오빠! 어릴 때 부르던 그 이름
"작은오빠"
하고 불러봅니다.
나의 작은오빠는 돌아가셨습니다.
이 아침 창밖의 돌담 위에 이름 모를 검은 새는
슬프고도 아름답게 노래 부르네요!
나는 저 새를 '검은 휘파람새'라고 부르겠어요.
작은오빠를 위한 나의 위령송가는

저 검은 휘파람새와 같이 노래하렵니다.
작은오빠, 내게 작별인사라도 하러 오셨나요?
작은오빠 잘 가시오.
이 세상에서 채우지 못했던
작은오빠의 자유분방함이나 피곤함도
저 세상 하늘나라에서는 다 채우시고 편히 쉬시오.

같이 산다는 해프닝

내게 가족이 늘어났다. 늘어난 가족 하나는 '대니(Daniel)'이고 또 하나는 '엘리스(Allis)'이다. 이들이 누구냐고?

대니는 나의 스피츠 종 하얀 털의 강아지다. 키우면 천사 다니엘처럼 나의 가디언 엔젤이 되라고 지은 이름이다.

두 달된 대니는 그야말로 내 생활을 완전히 엉망으로 바꿔 놨다. 좁은 실내는 요 녀석의 식탁, 잠자리, 화장실로 다 점령해 버렸다! 그리고 나는 요 녀석 밥 주고 화장실 청소하기에 바쁘다. 그것은 그렇다 치고 요 녀석은 내가 발자국을 옮길 때마다 쫓아다니며 발뒤꿈치를 물고 그리고 잠시라도 서 있으면 발등 위에 누워버린다. 그러니 발걸음마다 걸려 넘어지기 십상이다.

어디 그뿐인가 두 주간마다 동물병원에 가서 건강검진 예방주사를 맞혀야 한다. 나의 첫 경험인 강아지 돌보기는 전쟁터 같다! 언제나 철든 나의 가디언 엔젤이 될지 아니면 내가 요 녀석의 가디언이 되어야 할지는 미지수이고 요원한 일인 것 같다.

다음은 엘리스 이야기. 이는 나의 애마 자동차이다. 카탈로그에 색상이 '엘리스 블루'라고 적혀있었고 예쁜 블루색이다. 그게 무슨 뜻인지는 자세히 모르겠으나 나는 내 자동차를 '엘리스'라고 부르기로 했다.

강아지와 자동차가 같은 주간에 나에게로 오는 바람에 나는 정신을 차릴 수가 없었다. 늘 혼자이던 터에 일이 너무 많이 생긴 것이다. 자동차는 세워놓을 수만은 없지 않은가? 그래서 호기심에 길을 익힌다고 몰고 나갔다. 삼십여 년 전에 방문했던 '산굼부리'라는 곳을 내비게이션을 보며 드라이브해서 주차장까지 가는 것은 성공이었다. 이곳은 내 마음에 감동으로 남은 곳이다. 그래서 다시 가보고 싶은 마음에서 앞뒤 생각 없이 달려갔다.

가서보니 지금은 입장료를 내어야 들어갈 수가 있었다. 그런데 입장료를 내려고 보니 또 돈 지갑을 챙기지 않고 그냥 덜렁 간 것이다!

"세상에! 장례 치르러 가면서 시체 빼놓고 왔군." 하면서 다음 기회로 미루고 발길을 돌려 운전 연습한 것으로 만족하려 스스로 타일렀다! 주차장으로 와서 키로 운전시동을 걸려니 키가 없었다. 맙소사 이것도 잃어버렸으면 큰일인데 어디 있지? 하면서 자동차 안이며 가방 속이며 온몸에 키를 집어넣을만한 곳은 다 찾아보았으나 찾지 못하고 망연자실, 이제는 아무것도

할 수 없는 나이가 되었나 보구나! 모든 걸 이렇게 정신없이 잊어버리다니!

'안토니오' 성인 이름을 부르면서 잃어버린 키를 찾게 해주시라고 기도드리면서 절절 매고 있는 내 모습이 실망스러웠다. '안토니오' 성인은 잃어버린 물건을 찾아 주시는 수호성인이시라는 말을 영국수녀님들로부터 들은 터였기 때문이다.

어떤 경우에 보험회사로 알려야겠다. 생각하고 이것저것 필요한 것을 뒤지다 보니 맙소사! 운전하는 사람이 또 운전면허증도 소지하지 않고 그냥 덜렁 운전을 하고 이곳에 왔다는 것을 알았다. 무슨 일이 일어났다면 또 무면허 운전자가 되었을 것 아니던가? 이래저래 실망하면서 두리번거리는 나를 과연 안토니오 성인은 저버리지 않으셨던 것이다. 열쇠는 저만치 땅바닥에 검은 잔돌 위에 섞여 떨어져 있는 것이 눈에 띄었다. 열쇠도 검은 색이어서 잘 눈에 띄지 않았던 것이다. 나는 감사 또 감사드리고 조심조심 무면허 운전으로 집으로 돌아오고 말았다.

이래서 나의 애마 엘리스와 웃지 못 할 해프닝을 치렀다. 아마도 이런 해프닝이 또 일어나겠지만 어쨌든 시작은 반이라지 않던가! 나는 나의 엘리스와 가고 싶은 곳이 이 제주도에 아직도 많다. 이제부터 시작이다. 그러니 이제부터 재시도를 해야 한다!

독거는 인간 혼자 산다고 독거가 아님을 이 피조물들을 통해서 하느님은 나에게 알려 주시려는 듯하다. 이건 내게 전혀 새로운 국면이니 말이다.

가을 산책길

태풍 '산바'가 다가온다고 한다. 태풍전야에 지인이 전화를 걸어왔다.

"이번엔 만조까지 겹쳤대요. 사시는 집이 바닷가니 피난을 가셔야 해요."

제주도로 이사 와서 태풍의 위력을 두어 번 겪은 뒤라 반려견(伴侶犬) 대니를 승용차에 태우고 시내로 피난했다. 밤새도록 어느 동네는 물에 잠겼다는 뉴스를 들으면서 떨다가 이튿날 집으로 돌아왔다.

태풍은 온갖 바다 쓰레기를 마당이나 골목에 몰아다놓고 사라졌다. 아마도 이런 걸 아수라장이라고 하나보다 하는 생각이 들었다.

대충 치우고 산책을 하다가 문득 들판을 바라봤다. 태풍이 지나간 자리엔 언제 그랬냐는 듯이 노오란 햇살이 감미롭게 내려앉고 있었다. 시원한 바람이 시름시름 앓는 고춧대와 콩대를 쓰다듬고 있었다.

'태풍 속에서도 가을이 왔구나.'

문득 가을은 참으로 이상한 계절이라는 생각이 들었다. 가을이 오는 길목에서는 언제나 나는 시름시름 앓았다. 조금은 우수에 젖어 살아온 길을 뒤돌아보기도 하고, 무언가 허전해서 겸허해지기도 했다. 그래서 차분한 마음으로 푸른 하늘을 올려다보며, 산다는 게 뭔가 하고 중얼거리기도 한다.

또 늘 착해지려고 애쓴다. 엷게 물드는 나뭇잎처럼 우수에 물들어 아스라이 멀어져간 사람들의 안부가 궁금해 해묵은 주소록을 펼쳐들고 지금은 어디서 무엇을 하고 있을까 생각하며 음성을 기억해 내려고 한다.

어제는 추석이었다. 동네 골목마다 승용차들이 꽉 들어찬 것을 보면서, 귀소본능에 고향집과 조상을 찾아왔다고 생각했다. 평소에는 바다 위의 섬처럼 따로따로 떨어져 살던 가족들이 조상을 찾으려고 되돌아온 걸 보면서, 가을이 일깨운 본능 때문이라고 생각했다.

구름이 산자락을 휘감은 앞산으로 성묘하려는 사람들이 오르는 게 보인다. 문득 산길은 조상과 자손을 맺는 탯줄이라는 생각이 들었다. 조상들이 추석을 가을로 정해놓은 것도 가을의 우수와 겸허가 조상들을 찾게 만들 거라는 지혜에서 비롯된 것

문득 가을은 참으로 이상한 계절이라는 생각이 들었다. 가을이 오는 길목에서는 언제나 나는 시름시름 앓았다. 조금은 우수에 젖어 살아온 길을 뒤돌아 보기도 하고, 무언가 허전해서 겸허해지기도 했다.
—<가을 산책길>

이 아닐까 생각했다.

텔레비전에서 추석특집으로 「아버지」라는 프로그램을 방영했다. 카메라는 103세 되신 할아버지의 성묘 장면에 초점을 맞추고 있었다.

성묘음식을 차려 놓은 묘 앞에서 목이 멘 할아버지는 겨우 진정하고 입을 떼셨다.

"생전에 자식들을 먹이느라 당신은 못 드셨는데, 지금 살아계셨으면 이렇게 잘 먹고 잘 사는 세상인 것을…. 밥을 먹을 때마다 당신 밥을 한 숟가락씩 더 먹이시던 아버지가 생각납니다."

나는 어순이 잘 맞지 않는 할아버지 말씀을 들으며 덩달아 눈물을 닦았다. 지금은 세상에 계시지 않은 부모님 생각이 사무쳐서 자꾸 눈물이 흘렀다.

가을은 모든 것에 귀를 기울이게 하는 계절인가 보다. 지나가는 바람이 예사롭지 않다. 들길의 바람도 허허롭다. 바람에 흔들리는 며느리밥풀 꽃이 애처롭다. 밥 두 알을 삼키지도 뱉지도 못하고 죽어 꽃이 되었다는 불쌍한 '며느리밥풀'이라는 전설 때문만이 아니다.

해가 기울고, 가랑잎 구르는 소리와 청아한 귀뚜라미 소리가 들리면 외국에 살 때 일이 떠오른다. 달력이 알려주는 시간은 분명 가을인데 흙과 바람이 고국과 달라 귀뚜라미 소리가 들리지 않았다. 그래서 나를 만든 흙과 바람이 있는 고국으로 돌아오고 가을엔 자주 밤을 지새웠다.

가을이 제법 깊어간다. 낙엽은 한잎 두잎 꽃눈 자리를 남기고 떨어져 내리고, 서늘한 바람이 허허롭다.

나는 가을의 정원 안에 서 있다. 나를 되돌아보고, 자신에게 귀를 기울이고, 그리고 착하게 살다가 낙엽처럼 흙으로 돌아갈 그날을 준비하며.

길 위의 바람이 되고 싶다

나의 가는 길을 아름답게 하소서
하루 종일 걸어가게 하소서
모든 것을 아름답게 회복시키고
새들과 함께…
즐거운 새소리와 함께
꽃가루 덮인 길을 아름답게 걸어가게 하소서
발치에 뒤노는 메뚜기와 함께
발목을 적시는 이슬을 밟으며
아름답게 걸어가게 하소서

- 인디언 나바호족의 기도 「여행자의 노래」 중에서

'길'은 듣기만 해도 설레는 말입니다. 어떤 때는 '길은 희망이다'라는 생각이 들기도 합니다. 그래서 요즘에는 길 위의 바람이 되어 걷고 있습니다. 인용한 인디언 나바호족의 기도를

간간이 만나는 '오름'에 오르면 눈
에 보이지 않던 바람이 보이는 듯합
니다. 풀꽃들이 살랑살랑 몸을 흔
들며 바람의 존재를 알리고, 바람
은 멀리 바라보이는 오름들 사이를
오고가며 전령사 노릇을 합니다.
—〈길 위의 바람이…〉

생각하며 걷고 있습니다.

성서에 '바람이 어디서 불어와 어디로 가는지 너는 알 수 있느냐?'는 말씀이 있습니다만 꼭 이 말씀처럼 목표도 지향도 없이 텅 빈 마음으로 걷고 있습니다.

길, 시작도 없고, 끝도 없고. 그러면서 시작이 될 수 있고, 끝이 될 수 있는 게 길이라고 생각합니다. 그리고 걷고 있노라면 내가 살아있다는 것을 실감하게 만듭니다.

남들이 다 가는 길인데도 내가 가지 않는 길이 있고, 남들이 가지 않는 길을 나 혼자 타박타박 걸어가는 길도 있습니다. 이런 기준에서 보면 내 인생행로는 남들이 가지 않는, 소수만의 길이었습니다.

내가 늘 하는 기도는, '가고 있는 이 길에서 이탈하지 않도록' 해주시라는 겁니다. 그렇게 기도해도 틈틈이 외로움이 나를 파고듭니다. 그래서 내가 선택한 고독은 외로움과는 다르다고, 아니 달라야 한다고 스스로에게 타이르며 걷습니다.

이렇게 고독을 선택하고 살지만, 나 역시 어쩔 수 없는 인간인 모양입니다. 누군가 말했답니다. '행복을 선택하므로 행복해지는 것이다'라고…. 그 말을 생각하면 내 고독은 아주 당연한 결과인데 외로워하니 말입니다.

요즘에는 아름답다는 제주도에 살게 된 특혜를 누리기 위해 바람같이 자주 '올레길'을 걷습니다. 늘 혼자 여행자의 기도를 올리며 바람과 동행합니다.

걸으며 보여지는 풍경들, 보려고 해서 보는 풍경이 아니라 '보여지는' 풍경들을 보며 걷습니다. 조그만 풀꽃, 윙윙대는 벌과 나비들, 아기자기한 마을들, 그 속에 사는 사람들과 견공들까지도 모두 자신의 존재를 나에게 말합니다.

누가 알아줘야 살아낼 인생이 아니라서, 난 길 위를 걸으며 새로운 인생을 찾아내려 애씁니다. 길 위에서 지나온 내 발자취를 더듬어 되짚어보고, 그래서 다시 가슴이 아픈 지난날의 회상을 되도록 빨리 아름답게 회복시키려고 합니다.

하루 종일 걸어도 아무도 만나지 못할 때가 있습니다. 철저한 고독과 바람만이 나의 친구입니다.

간간이 만나는 '오름'에 오르면 눈에 보이지 않던 바람이 보이는 듯합니다. 풀꽃들이 살랑살랑 몸을 흔들며 바람의 존재를 알리고, 바람은 멀리 바라보이는 오름들 사이를 오고가며 전령사 노릇을 합니다.

여러 올레 코스 중 한 코스에는 갤러리 하나가 있습니다. 제주도를 사랑한 어느 사진작가의 갤러리입니다. 바람을 긴 필름에 담은 풍경사진이 대부분입니다. '오름'의 풍경들을 담은 사진 앞에 서면 청량음료를 마셨을 때 같이 시원한 느낌이 듭니다. '아름답다'는 말은 가슴속에만 묻어둘 수밖에 없는, 침묵으로 표현한 사진들입니다.

제주도는 참 아름답습니다. 그리고 길 위에서 바람이 될 때 내 마음은 까닭 없이 충만해지면서 행복을 느낍니다.

나는 오늘도 길을 걸으며 '행복 합니다' 하고 외칩니다. 앞으로도 바람이 되어 걷고 또 걸을 것입니다. 걷다가 보는 자연은 '길 위에서 읽는 시'이고, 내 삶은 바람이라서 계속 걸을 겁니다.

세월이 흘러 해가 바뀌고, 바람처럼 떠돌다가 돌아갈 자리가 없을지라도 봄을 기약하는 부활의 바람으로 걷고 싶습니다. 꽃 향기를 나르는 바람이고 싶어 오늘도 걷습니다.

풍경 속의 풍경

어느 비개인 날 오후, 길을 걷다가 문득 멈추었습니다. 하늘은 파랗고, 햇살이 너무 맑아 머리를 들 수밖에 없었습니다. 길가의 나뭇가지에는 온통 초록색 물이 오르고 있더군요.

'아, 봄이로구나!' 탄성이 저절로 튀어나왔습니다. 그러다 문득 생각했습니다. 봄이 왔는데 나는 아직도 마음의 눈을 닫고 있다는 걸. 마음으로 보지 않으니 봄이 오는 것도 모르고 지내고 있으니 말입니다.

나는 꽤 오랜 시간 꿈꾸며 살아왔습니다. 나만의 공간을 마련하고 숨은 별처럼 고요히, 그러나 마음의 문을 열고 조용히 사는 것을.

이제 그 꿈이 실현되었습니다.

한때 마음과 몸이 만신창이가 되어 마음의 문을 닫고 우울하게 살던 때가 있었습니다. 그때 상담자는 글쓰기를 권했습니다. 마음속에 쌓인 것을 풀어내는 것도 치료의 한 방법이라고….

그래서 어릴 때 꿈꾸던 문학소녀처럼 글을 쓰고 또 썼습니다. 치료의 방편으로 말입니다. 마음속에 숨기고 있는 것들을 끄집어 내었습니다. 만신창이가 되어 수도자로 지켜야할 규칙까지 이탈하던 모습을 비롯하여, 사랑에 대한 갈등과 회한까지 썼습니다.

그 후 그것을 활자화하여 책으로 엮어냈습니다. 자전적 고백록인『거슬러 오르는 연어의 초록 강』이 그 책입니다.

책을 만들 때, 마음속에서는 심한 갈등이 일어났습니다. 헤어날 길 없는 깊은 수렁에 빠져드는 듯한 자괴감이랄까, 그런 거였습니다.

초고를 보고 성(性)을 더 적나라하게 표현해야 독자가 많을 것이라는 권유를 받은 적도 있습니다. 지금처럼 선정적인 문화 속에서 내 이야기를 읽을 독자가 있겠느냐는 겁니다.

현대 사회는 사랑과 성을 혼동하고 있는 듯합니다. 그러나 사랑과 성을 혼동하는 세속에 비위를 맞추라는 권유는 받아들이기 어려웠습니다.

출판이 되자, 어떤 사람은 어떻게 숨김없이 쓸 수 있는지 솔직함에 놀랐다고 했습니다. 또 어떤 사람은 숨겨야 할 내용을 드러냈다며 질책과 비난을 했습니다. 이런저런 말들을 들을 때마다 부끄러워 숨고 싶었습니다.

그러나 나 자신을 치유하기 위해 쓴 글이니 개의하지 않기로

오늘도 눈에 보이지 않는 내면을 볼 수 있기를 간절히 기도합니다. '마음의 눈으로 세상을 보자. 고정관념에서 탈출하자!'고 말입니다.
—〈풍경 속의 풍경〉

했습니다. 오히려 독자들에게 아첨하기 위해 굽히지 않았다는 사실을 위로로 삼기로 했습니다.

'그래, 어쩌란 말이냐? 내 마음속엔 늘 내가 아닌 다른 내가 들어 있어 갈등과 대립을 하며 사는 것을….'

부끄러움, 당당함? 나는 날마다 내가 아닌 다른 인격체를 내 속에서 몰아내려고 전쟁을 치릅니다. 하지만, 어느 쪽이 진짜 나인지 모를 때가 많습니다. 그래서 가끔은 너무 피곤해 '내가 아닌 나와 사이좋게 지내보자'고 마음을 바꿔보기도 합니다.

그럴 때마다 생텍쥐페리의 『어린 왕자』에서 여우가 한 말이 생각이 납니다.

'제대로 보려면 마음으로 봐야 해, 가장 중요한 건 눈에는 보이지 않거든.'

동화 속의 어린 왕자에게 감사를 드립니다. 외면하려는 진리를 깨우쳐 주니까요. 그리고 내 안에 있는 부끄러운 나, 이를 개의치 않는 나, 그런 두 개의 나를 객관적으로 보려는 나까지 평화롭게 공존하려고 애쓰며 살고 있습니다.

오늘도 눈에 보이지 않는 내면을 볼 수 있기를 간절히 기도합니다. '마음의 눈으로 세상을 보자. 고정관념에서 탈출하자!'고 말입니다.

나는 봄날의 노란 풍경화 속에서 두 손을 모아 기도하고 다시 걸었습니다. 아름다운 봄날의 풍경 속에 숨은 '보이지 않는 풍경'을 즐기기 위해 걷기 시작했습니다.

대니 이야기

고요는 내 오랜 친구다. 고요 앞에 앉아 있으면, 조곤조곤 이야기하는 삶이 좋고, 그래서 언제나 그렇게 살고 싶다. 그러다가 대니(Daniel) 때문에 누구와 동거하며 마음 쓰는 삶이 어떤 것인가 생각하기 시작했다.

대니는 스피츠 종 애완견이다. 12년간 외국 생활을 정리하고 제주도로 들어와 혼자 살기 시작하던 어느 날이다. 친구가 강아지를 안고 와 반려가 되어줄 것이라고 하였다.

나도 견공(犬公)을 좋아하지만 혼자 길러 본 적은 없어 전쟁이 시작되었다. 조그만 것이 영리하고 귀여웠지만, 훈련을 안 시킨 개라서 말썽이 이만저만이 아니었다.

감당이 안 될 것 같아 정들기 전에 결별할 방법을 모색하기 시작했다. 그러다가 내 마음을 알아차리기라도 하면 어쩌나 하는 미안한 마음에 포기했다. 사람이고 짐승이고 좋아한다는 것은 이해타산으로 따질 일이 아니라는 생각과 나를 바라보는 순박한 눈동자를 외면할 수 없었기 때문이다.

대니를 데리고 산책을 나가면 줄을 잡고 있는 나를 질질 끌고 간다. 승용차에 태우면 바보같이 낑낑대며 멀미를 하며 토하곤 했다. 그럴 때면 '아이고 태생대로 살자. 너나 나나 자동차보다는 걷는 게 낫겠다!' 하고 차를 세운다.

중성화 수술을 시키는 게 좋다는 말을 들었다. 대니에게 미안하다는 생각과 자연의 이치를 거스르는 일이라는 생각에 결정을 내리지 못했다. 또 그 비용도 만만치 않거니와 내가 사는 마을에는 동물병원이 없어 제주시까지 나가야만 하는 번거로움 때문에 망설였다.

가난하게 살아야 할 신분에 반려고 뭐고 사치가 아닌가 생각하던 차에 캐나다 친구로부터 전화가 왔다. 이런저런 얘기를 하다가 대니 이야기를 했더니, 수술해 주는 게 좋다며 하루라도 빨리 병원에 다녀오라고 했다.

나는 친구의 말을 듣고 다시 갈등하기 시작했다. 개와 오랫동안 같이 살아온 친구의 조언이지만, 도대체 누구를 위해서 좋다는 건지 아리송했다.

'에이 모르겠다, 수술 시키자' 결심하고 동물 병원으로 데리고 갔다. 대니는 세 시간 동안 '…멀쩡한 나를 왜 이리 혹사시키는 거야?' 하며 수술대 위에 누워 빤히 나를 바라보았다.

그날 밤, 마취에서 깨어난 대니는 수술자리가 아픈 건지 가려운 건지 뱅뱅 돌며 그 자리를 핥고 물어뜯었다. 밤새도록 자괴감에 시달리며 대니로 인해 좌충우돌하는 내가 실망스러웠다.

요즈음에는 대니 때문에 "개 삽니다." 하고 돌아다니는 트럭을 보는 것이 괴롭다. 팔려가는 개들이 철창 안에서 슬픈 눈으로 목을 빼고 밖을 내다보는 모습이 가슴을 먹먹하게 만든다.

'어쩌면 좋으냐. 미안하구나, 미안하구나.'

눈을 감고 지나가면서 마음속으로 사과의 말을 되풀이했다. 그러다가 한국인이면서 이러는 내가 가소롭다는 생각이 들었다. 나는 한국인이고 내가 사는 이 땅도 한국인데 새삼스럽게 문화 충격을 받은 사람처럼 행동한다는 생각이 들었기 때문이다.

오랫동안 개를 가족의 일원으로 여기는 문화 속에서 살아 온 탓이라고 나를 다독거렸다. 그러다가 멀쩡한 대니를 중성화수술 시킨 것을 다시 떠올렸다.

문득 김종태 시인의 「봄날」이라는 작품 구절들이 떠오른다.

비쩍 마른 봄날에
낯선 사람에게
집개가 침을 흘리며 끌려간다.
끌려가 죽은 개의
하얀 영혼이
문득 두 귀를 세운 그림자 되어
한낮

텅 빈 개집 가에 나타난다.

- 김종태 詩, 「봄날」 중에서 -

그분도 나와 같은 한국인인데 혼란을 겪고 있다는 생각을 하면서. '시간이 지나면 내 마음도 무덤덤해질 거야….'라고 자위했다.

요즘은 대니 덕분에 마음이 흔들리거나 우울한 적이 없다. 오히려 내 생각의 대부분을 대니가 차지하고 있다. 집에 두고 외출할 때는 잘 있을까, 먹이는 먹었을까, 온통 신경이 대니에게 간다.

그러고 보면 나는 대니에게 감사해야 한다. 덕분에 내가 이런 성찰의 시간을 가질 수 있으니 말이다. '개' 그대로 받아들이며 한집에 사는 친구로 사랑해야겠다. 대니야, 사랑한다.

11월의 공원에서

며칠 전 알고 지내는 두 젊은 친구들이 제주도로 나를 방문했습니다. 해마다 시간을 내어 찾아주는 이 친구들이 한없이 고맙군요. 그들은 이번엔 특히 북유럽의 스칸디나비아 6개국을 여행하고 돌아온 후라 여행담을 들어가며 며칠 동안 제주도 이곳저곳을 여행하면서 즐거운 시간을 가졌습니다. 늘 혼자 지내는 나는 이렇게 누군가 다녀가면 두고두고 만남의 기쁨을 되새김질 하곤 하지요.

11월은 어디를 가도 차분한 느낌을 주었습니다. 황금빛 추수의 분주함과 오색찬란한 단풍의 가을 잔치가 끝난 거리며 들판이 보입니다. 눈 닿는 곳엔 어디든지 겨울이 살며시 들어올 자리를 엿보면서 가을이 차분해지기를 기다리는 것 같았습니다. 강렬한 힘을 쏟아 곡식들을 익혀주던 햇볕은 이젠 할 일을 다

한 듯이 힘을 빼고 그저 은은하고 부드럽게 대지 위에 내려앉는 것 같습니다.

땅에 내려앉은 낙엽을 밟으며 공원을 걸을 때도 햇볕은 대지 위의 모든 생물들을 부드럽게 쓰다듬어 주는 듯합니다. 우리들의 머리 위에도 나목들의 가지에도 그리고 돌들에게도, 이젠 편히 쉬라고 자장가라도 불러주듯이…. 조금 있으면 흰 눈이 내려 눈 이불까지 덮어주실 게 아닌가! 하고 상상의 날개를 펴며 공원을 산책하였지요.

11월의 공원은 인생의 겨울에 대하여도 명상하게 하지요. 공원을 아름다운 꽃들이 다투어 피는 봄에 꽃구경을 오거나, 숲그늘에서 강렬한 햇볕을 피할 수 있는 곳이라고만 생각했던 게 아닌가 모르겠네요. 볼품이 없다고 생각했을까요? 11월의 공원은 사람들도 별로 없이 한산하기까지 하였습니다. 마치 삶이 아주 가까이에서 죽음처럼 편히 쉬며 공존하는 것 같았지요.

내 인생은 가을일까, 초겨울일까 하고 공원을 걸으며 명상합니다. 초겨울의 이 공원처럼 아주 차분하고 따스했으면 좋겠다는 생각을 합니다. 삶과 죽음이 공존하듯이 말입니다.

친구들이 알고 있다는 제주도에 살고 있는 지인도 찾아 나섰습니다. 이곳은 몇 만평이나 되는 땅에 새(조류)공원을 만들 것이라 했습니다. 주인인 새 박사님은 앞으로 육지의 직장에서 은퇴하면 이곳에서 새들과 함께 살게 되겠지요. 저 멀리에는 새장을 짓고 있는지 골조가 세워진 것도 보였습니다. 아마도 큰 조류들이 머물 곳인 것 같았지요.

"새는 날개를 가졌는데 어떻게 공원에만 머물까요? 자유로이 날아가 버리지 않겠어요?"

나는 의아해서 물어보았지요.

"그래서 새들이 찾아와 깃들도록 나무도 더 심고, 호수도 만들고, 공해가 없는 새들이 좋아할 자연환경을 만들어야합니다."

참으로 우문현답이 아닐 수 없네요. 찾아 나서는 게 아니라 찾아오도록 해야 하는 것은 사람도 마찬가지가 아닐까 생각하며 내가 부끄러워졌습니다.

이곳에는 말도 두어 마리 사육하고 있었고 토종닭이나 오리, 물론 개도 집을 지키기 위해서 세 마리나 있었습니다. 모양이 갈대같이 생겼지만 키가 짧은 연한 풀을 말에게 주니 고맙다는 듯이 고개를 끄덕이며 잘도 받아먹습니다. 이 풀은 단맛이 난다고 하더군요.

임시로 예비공원을 돌보고 있는 주인의 친척인 총각 선생님은 어느 날은 닭장에 가두어 놓은 닭들을 모두 풀어 놓았더랍니다. 그 넓은 공원에서 마음껏 놀고먹게 자유를 주어야지 왜 가두어 놓느냐는 거지요. 그런데 이를 어쩌나! 사냥의 근성이 있는 개들이 모조리 물어서 닭들이 죽었답니다.

"무공해의 유기농달걀을 좀 먹어보나 했더니 닭들을 모두 보내 버렸네요." 하시며 주인은 껄껄 웃으셨습니다. 이같이 순수한 사람들이 만들어가는 새 공원이 얼마나 아름다울지 기대가 큽니다.

총각 선생님은 신이 나서 우리를 친절히 안내하며 뜰에 심은 싱싱한 박하 잎사귀를 따다가 허브차를 만들어 주시기도 했는데 얼마나 싱그러운 맛이던지요. 손수 전지해서 키운 여러 화초의 묘목들도 주셔서 키워보려고 가져오기도 했지요. 그중에는 '천사의 나팔꽃'이라는 아주 조그맣게 싹이 나오기 시작하는 것을 가져다 심었는데 벌써 싱싱한 푸른 잎이 자라고 있지요.

내 방의 창가에 놓아둔 나무가 어서 크게 자라서 꽃이 피어 나에게 천사의 기상나팔을 아침마다 불어줄 날을 기다려 봅니다.

크리스마스이브의 꿈

이렇게 나이가 먹었어도 매년 크리스마스가 다가오면 어린애가 되는 게 아닌가 싶다. 캐럴이 들려오고 사람들은 분주해진다. 무엇보다 나를 포함해서 예수를 주님으로 믿는 사람들은 아기예수 탄생을 준비하는 사람들 모두가 왠지 모르게 행복해 보이고 기쁨에 들떠 있는 듯한 느낌이다.

내 머릿속에 각인된 크리스마스는 상업적이 아니더라도 눈을 뗄 수 없이 휘황찬란한 성탄 장식들이 반짝반짝 예쁘고 가슴을 설레게 하기에 충분했다. 그것들이 그리도 유치한 애들 놀이 같은데도 말이다.

외국의 경우 이 시기에는 집집마다 그들의 정원에 경쟁하듯이 성탄 장식들을 한다. 예쁘게 꾸며놓은 성탄트리며 크리스마스를 의미하는 모든 장식품들을 일부러 골목골목마다 다니며 구경하기도 했었다. 나로서는 이 모든 크리스마스 풍경을 마음 속에 사진을 찍어둔 터여서 성탄절의 향수처럼 내 가슴에 남아 있다. 물론 이런 장식들은 아기예수 탄생의 의미를 되새기게 하기 위한 크리스천들의 관습이다.

그때, 나는 이 섬나라 제주도에서 어스름이 까맣게 내려앉고 있는 크리스마스이브에 예배를 드리러 제주 시내를 차를 몰아 교회에 가고 있었다. 성탄 전야에 그것도 시에서 번화가를 지나가고 있었다.

'어! 그런데 왜 이렇게 거리가 깜깜해 보이지?'라는 느낌이 나를 엄습했다. 그리고 '오늘이 크리스마스이브인데…'라는 생각을 했다. 그러나 곧, '아! 여기는 예수님이 아니라 다른 많은 신들이 지배하는 섬이라서 그런가?' 하는 데 생각이 미쳤다.

외국은 물론이고 육지의 다른 도시들에서 볼 수 있는 그 흔한 상업적인 크리스마스트리의 반짝이는 별빛 같은 것은 거리에서 하나도 내 눈에 띄지 않았던 것이다. 그래서 그렇게 깜깜하게 느껴 졌나보다.

'아! 여기는 역시 예수님을 믿는 서양문화가 발 디딜 틈이 없어서 그럴까?'

새삼 크리스천인 내가 있는 이곳 제주도가 다시 낯설었다.

그리고 상상의 나래를 펼쳤다.

제주도는 옥황상제라는 신의 나라인 듯하다. 옥황상제 휘하에는 일만 팔천여 신들이 있다고 한다. 제주도 사람들은 이를 믿고 있을게 분명했다. 산 오름마다 길가 골목마다 집집마다 신들의 당이 있고 그들은 그 많은 신들과 함께 살고 있는 듯하였다. 분위기가 그랬다. 그리고 하느님을 믿는 사람에겐 유난히 배타적인 분위기였다. 그런데 그 많은 신들은 사람들을 별로 도와주지 않고 간섭만 하고 있는 것일까? 들은풍월에 의하면, 제주에는 신구간이라는 기간이 있다고 한다. 24절후의 '대한' 후 5일부터 '입춘' 전 3일까지 일주일 동안이 그것이라고 한다. 이때는 1만 8천여 제주도의 신들이 모두 옥황상제의 부름을 받고 하늘로 올라가고 지상에는 없단다. 사람들은 이때다 하고 이사들을 한다고 한다. 그래서 한꺼번에 많은 사람들이 이사하느라 큰 전쟁이 일어난단다. 왜? 이유는 신들은 이때 사람들을 간섭할 수 없으므로 '동티'날 일이 없어서란다. 그럼 그 신들은 그 기간 무얼 하는가? 새로운 한 해의 임무교대를 한다고 한다. 즉 인사이동이다.

그런데 왜 제주사람들은 그들의 신을 무서워하지? 신은 왜 사람들을 도와주지 않는가? 신들이 없는 틈을 타서 무슨 일을 사람들끼리 처리해 버리는 것은 신이 필요 없다는 의미가 아닌가? 이사의 큰 전쟁을 치르지 않도록 아무 때나 이사해도 그들의 신들이 '동티'를 내지 않았으면 좋으련만….

작년에 신구간의 풍습을 본지라 이런 상상을 하며 교회에 도착하여 드린 성탄전야 예배는 아름다웠다. 모든 인류를 구원하시려고 마구간에서 가난하게 태어나신 아기예수 앞에 예배드리며 감사한 마음이었다. 적어도 나는 나의 신 하느님을 두려워하지는 않고 있다는 사실에 감사한다. 하느님은 제주도의 신들과 다르심을 오늘 굳게 믿는다.

마구간에 누워계신 아기예수님을 바라보며 명상했다. 그리고 다른 신들이 이미 너무 많아서, 그 텃세가 심하여서 발붙일 곳이 없으신 아기예수님! 환영받으시지 못하시는 제주도에 다시 탄생하시는 걸 개의치 않으실 것을 확신한다.

물론 아기예수 하느님은 제주도 사람들에게 '동티' 같은 것은 내실 리도 없으실 것이다.

3.

지금 있는 자리와 지나온 자리

머나먼 저쪽으로의 그대의 여행길에, 주 너를 인도하시기를-
그대의 기쁨이나 행복 속에서 주 너를 축복하시기를-
그대의 근심이나 고뇌에서, 주 너를 견디게 돌봐주시기를-
그대의 위난이나 위험 중에 주 너를 보호하시기를-.

- 「가족」 중에서 -

가 족

12년의 영국에서의 생활을 정리하고 고국으로 귀국하려는 아침의 풍경을 잊을 수가 없다. 나는 먼 영국에서 내 고국의 모든 익숙한 뿌리와 단절된 채 12년을 살아온 터였다.

영국 수녀원의 생활은 고요하고 우아했다. 그러니 그동안 익숙해진 영국 수녀원의 환경에서 떠나는 일은 쉽지 않았으나 그동안 이곳에서 이방인으로서 생활하며 뼈저리게 느낀 것은 나를 만들어준 흙과 바람이 있는 고국으로 돌아가야만 살 수 있겠다! 하는 것이었다. 이제 그 기대와 소망이 이루어져 흙냄새와 바람이 익숙한 그런 나의 고국으로 돌아가게 된 것이다.

그날, 공항으로 떠나려는 수녀원의 로비에는 나와 12년을 동고동락한 수녀님들이 다 모여서 떠나는 나를 배웅하려고 기다리고 계셨다. 정말이지 12년 동안 정이 든 사람들을 떠나는 것은 어려운 노릇이었다. 가슴이 먹먹해 오는 것을 억제하며 고개도 못 들고 모두에게 차례로 포옹으로 인사를 하고난 나에게 "우리가 같이 가서 너와 함께 있을 테니까 혼자가 아니라는 것을 기억해"라며 원장 수녀님이 건네주시는 것은 내가 포함된 수녀님들의 단체사진과 몇몇 장의 환송 카드가 들어있는 듯한 봉투였다. 아마도 그 속에는 떠나는 나에게 주시는 덕담들이 적혀있을 터였다. 그동안 정말이지 수녀님들은 이방인인 내게 나의 하느님이시며 가족이셨다. 수녀님들의 모습 안에 현존하시는 용서의 하느님, 도움의 하느님, 아버지 같은 하느님, 떠나는 나에게 같이 가서 같이 있겠다고 말하는 가족 같은 수녀님들…. 떠나는 나의 자동차를 향해 손을 흔들어 배웅하시는 모습들이 저만치 멀어져 갈 때 나는 감정이 폭발하여 밀려오는 울음을 참고 있었다.

'프로스트'의 시 「가지 않은 길」을 20대에 읽었다. 수도자의 길을 선택한 것은 그 영향을 받은 20대 초반, 삶과 존재에 대한 깊은 성찰 끝의 선택이었다. 나는 시 속에서 읽은, 사람이 적게 간 길을 택하였고, 그래서 모든 것이 달라졌던 것 같다.

그때 부모님을 비롯해 내 혈육의 가족들은 어려운 길을 가는 나를 극구 반대하고 나섰다. 이유는 인간의 희로애락을 포기한 그런 수도자의 길은 너무 가혹하다는 것이었다. 그러니 나의 사랑하는 가족들이 걱정하는 것은 당연했다.

수도자의 본질은 우선 가족인 부모 형제를 떠나서 자유와 재물과 사랑을 포기하는 것이었으니. 그러고도 이 세상에서 살아남을 수 있을까 염려하였을 것이다. 포기하고 하느님 안에서 참 자유를 누린다는 것이니 나의 가족이 이를 이해해주기를 바라는 것은 무리였다. 더구나 이 길은 어떤 강요에서가 아니라 스스로 선택하여 가는 길이다. 나는 내가 선택한 길을 위해 그때 가족을 떠나왔다.

지금 나는 내 가정도 없는 수도자이고, 부모님과 형제가 거의 고인이 되셔서 고아의 신세가 되었다. 그럼에도 불구하고 고국과 부모형제를 찾아 귀국하였다. 그리고 생각한다. 가족과 고향을 그리워하는 인간의 속성이 수도자라고 다르겠는가 하고.

그러나 내가 속한 가정은 지금 둘이나 된다! 수도원 안에서는 수녀들이 원장을 '어머니'라고 부르는 수녀원 가정이 있다. 이것이 얼마나 큰 축복인가!

히드로 공항의 라운지에 앉아서 탑승 전 간단한 식사를 했다. 무심히 내다본 라운지의 창밖에는 가로등이 여운을 남기며 어둠이 깃드는 풍경들을 비추고 있었다. 제각기 다른 민족으로 보이는 사람들도 그들의 목적지를 향해 발길을 재촉하고 있었다. 그들의 목적지도 그들의 고국일 것 같았다.

고국 행 비행기의 탑승구 앞으로 자리를 옮겨서도 내 가슴은 먹먹했다. 떠나는 아쉬움과 함께 고국이지만 10여 년이 지나서 펼쳐질 새로운 세상은 나에게 얼마나 또다시 생소할 것인가 하는 생각에 설렘과 두려움이 교차했다.

탑승 후 먼저 수녀님들과 여러분이 주신 환송의 덕담들은 무엇일까 궁금해서 하나씩 하나씩 꺼내어서 읽어 내려갔다. 아! 수녀님들은 내가 장래에 어떻게 살아가고 싶은지를 간파하시고 이를 위해 적절한 문구로 기도해 주시고 계셨다. 나 자신 독거의 생활에서 앞으로의 겪게 될 어려움에 하느님의 도우심을 청해 주시고 계셨다. '독거나 은거는 그 존재 자체가 하느님을 증거 하는 것 아니겠느냐' 하며 독려해 주시기도 하셨다. 이 또한 마음에 간직할 따뜻한 말씀이었다. 나이가 이렇게 먹도록 혈육의 가족에게서도, 어디서도 이렇게 따뜻한 위로를 받은 적이 없는 나는 또다시 가슴이 뭉클했다. 수녀님들이 나를 위해 편지 속에서 기도하신다.

머나먼 저쪽으로의 그대의 여행길에 주 너를 인도하시기를….
그대의 기쁨이나 행복 속에서 주 너를 축복하시기를….
그대의 근심이나 고뇌에서 주 너를 견디게 돌봐주시기를….
그대의 위난이나 위험 중에 주 너를 보호하시기를….

고국의 섬 제주도 바닷가에 은거의 둥지를 튼 지 시간이 꽤 흘렀다. 이제는 귀에 익숙한 모국어가 노력하지 않아도 저절로 들어온다. 거센 바닷바람과 검은 돌과 흙이 다 낯설지만 그래도 바라던 소망대로 은수의 생활을 한다. 날마다 아침에 일어나면 조그만 벽을 향해 기도드린다. 거기 사진 속에 나와 함께

고국의 섬 제주도 바닷가에 은거의 둥
지를 튼 지 시간이 꽤 흘렀다.
이제는 귀에 익숙한 모국어가 노력하지 않아
도 저절로 들어온다.
—〈가족〉

계시는 나의 가족 수녀님들께 문안하고 적어주신 라빈드라나드 타고르 의 시도 성무의 기도가 되어 새로운 하루를 시작하곤 한다.

이제는 침묵의 시간
지금은 주 하느님과 얼굴과 얼굴을 마주하는 때
나는 나의 축복되고 성별된 삶을 노래하리라
무한한 쉼의 침묵 안에서.

언제나 나와 함께 계셔주시는 나의 가족 수녀님들께 감사드린다. 가족을 떠나 사는 수도자도 마음속에 가족을 지녀야 수도에 전념할 수 있도록 한 것이 수도원을 가정으로 제도화한 것이리라.

촛불예찬

촛불에 대하여 예찬하는 말들은 많다. 그중에서도 '촛불은 자기 몸을 불살라 세상을 비춰준다'는 것이다. 희생의 개념이다.

이 말은 지금까지도 내 가슴에서 떠나지 않고 자리 잡고 있다. 나는 이 촛불을 나의 '친구'라고 표현하고 싶다. 내가 찾을 때 거기 있어주고, 나를 비춰 정화시켜 주고, 늘 나를 지켜봐주는 나의 변치 않는 영원한 친구! 촛불은 또한 잡다한 냄새들도 모두 흡입해서 공기도 정화시켜 준다.

내가 독거하는 다락방엔 아늑한 한쪽 창가에 조그만 상(제단)을 차려놓았다. 날이면 날마다 새벽에 일어나면 나는 거기서 제일 먼저 촛불을 마주하고 앉는다. 상 위에는 예수초상의 아이콘도 말간 유리의 천사들도 모셔 놓았지만 두 서너 개의 초를 켤 수 있는 촛대도 있다.

얼마 전에는 젊은 친구로부터 시나몬 향기가 나는 초와 촛대를 선물로 받았는데, 항아리처럼 생긴 동굴 안에 초를 켜서 넣어두면 창문같이 디자인한 구멍으로 불빛이 은은히 새어 나오는 것이다. 마치 어떤 개체가 그 안에 살고 있는 듯이. 나는 이 촛불들이 살아있어 조용히 움직이며 나를 봐주고 있다고 상상의 나래를 편다.

먼저 두 개나 세 개쯤 초에 불을 밝히고 그 앞에 꿇어앉아 명상으로 하루를 시작한다. 물론 이 기도는 영적 독서(Lectio Divina)라는 내 수도생활 일과 중의 하나이다. 책을 펴 독서를 하고 그 의미를 묵상하고 깨달음이나 느낌을 예수님(하느님)과 소통하고 그리고 그 다음은 그냥 텅 빈 마음으로 앉아서 관상(contemplation) 하는 것이다.

그런데 오랜 세월 동안 이 관상을 해오지만 텅 빈 충만의 관상 상태로 머물기란 그리 쉽지 않다. 조용히 앉아 있어보라! 텅 빈 마음이 아니고 온갖 상상내지 잡념이 텅 빈 집으로 몰려온다고나 할까? 이는 하나도 이상할 게 없다. 그냥 상상내지 공상들이 몰려오게 두는 수밖에….

이때 나는 촛불을 관조하게 된다.

"조용히 거기 있어 네 몸을 스스로 살라 나를 비춰주는 나의 친구여, 이따금씩 네 불꽃을 조용히 팔락이며 내게 뭐라고 말하고 있는 거지? 그래 너는 나의 영원한 친구! 친구는 너처럼 떠나지 않고 거기 그냥 늘 변함없이 있는 거라고 나는 그렇게 생각해. 나에게 네 빛을 이렇게 밝혀주니 고마워."

촛불은 그 불꽃을 조용히 팔락이며 나에게 화답하고 있는 듯하다. 팔락이는 불꽃 저 너머에는 지나간 어제와 시작의 오늘, 기억나는 고마운 사람, 기도를 구하는 사람들이 차례로 나타나고 나는 그 불꽃의 인도로 그런 일상을 오늘 다시 만난다.

불꽃같이 자신을 불사르며 살다 가신 또는 살고 있는 모든 분야의 성스럽고 훌륭한 사람들, 저 멀리 있는 사람이 아니고 주위의 소소한 사람들도 생각난다. 그리고는 '나는 지금 무엇을 향하여 나를 불살라 소지를 올리고 있느냐?'라는 질문도 스스로에게 던지며 그냥 거기 앉아있다. 그냥 멍하니 마음을 비우려고 하면서….

그런데 잠깐 사이, 졸고 있었던 것이었을까? 눈을 뜨니 관조하던 불빛이 꺼져버렸다! 세상이 캄캄한 듯하다! 초는 제 몸을 다 살라서 그 운명이 다한 것이었다.

아! 내 가슴 속에서도 이 순간 덜컹! 무엇이 가라앉듯이 무너져 내리는 소리가 들리는 듯했다. 불꽃이 꺼져버린 이 순간에 내 마음이 텅 빈 것같이 허전했다! 친구가 떠나가고 곁에 없는 것 같았다.

'아! 이것인가? 나는 오늘 내가 찾아 헤매던 나의 화두가 의미하는 바를 찾은 것 같다! 촛불이 없는 이 텅 빈 마음, 텅 빈 충만, 아니면 텅 빈 허전함! 아무것도, 아무도 없는 텅 빈 그 무엇! 그래 이것이 내가 찾아 헤매던 나의 화두일 것이다. 그

냥 비워낸 마음으로 살라는 거야. 이름도 없고 보아주는 이도 없는 그림자 같이!'

그리고 외친다.

"불꽃이여 영원하라! 또 다시 너에게 불 붙여 줄게 영원한 나의 친구가 되어주려무나. 그리고 나는 너의 그림자처럼 너의 곁에 머물고 싶구나. 너를 떠나지 않는 그림자!"

> 나의 주는 나를 밝히는 내 초(등불)에 불을 댕기시어
> 주 나의 하느님은 내 어둠을 밝히시나이다. 아멘
>
> \- 시편 -

촛불을 통하여 오시고, 내게 그림자처럼 존재 없이 살라고 가르쳐 주시는 하느님께 감사드리며 오늘도 촛불을 예찬한다.

거기서 뭐 하세요?

영국에 가서 여러 해가 지났을 때이었다. 아시아 사람이라고는 나 혼자밖에 없어서 모국어를 말할 기회는 전혀 없었고 수녀원의 어두컴컴한 건물 안에 감도는 침묵의 분위기와 영어권의 언어는 가끔 바람처럼 귓전을 스치고 지나갔다.

그런데 갑자기 어느 날, '전화가 걸려왔으니 받으라'고 해서 수녀원 건물의 아래층 사무실로 뛰어 내려갔다. 내 거처는 3층에 있었으므로. 그때 수녀원은 침묵수도원의 특성상 개인 핸드폰은 있을 리 없었고 그곳엔 수녀원 전체에 핸드폰이라고는 하나밖에 없었다. 혹 밖에 나갈 일이 있으면 하나뿐인 핸드폰을 번갈아 가지고 나갔다. 그러니 전화를 어디 걸 일도 받을 일도 없었다.

전화선을 통하여 들려오는 소리는 뜻밖에 모국어였고 조카

지현이었다!

"이모 저 영국에 와 있어요. 여기 런던이에요." 한다.

지현이는 갓 졸업하여 십대들을 가르치는 새내기 교사인데 학교 동창 선생님들 몇 명이서 방학을 이용한 유럽일주 배낭여행에 나섰다는 것이었다. 과연 용감한 젊은이들이구나! 하고 감탄하지 않을 수 없었다.

영국까지 왔지만 수녀원엔 방문할 기회가 없다며 이런 저런 대화를 하는 중에 묻는다.

"이모는 거기(수녀원)서 뭐 하세요?"

질문은 내가 수녀원에서 무슨 소임을 하느냐는 것일 수도 있고, 수도생활이란 게 본질적으로 무엇이냐는 뜻일 수도 있을 것이었다. 맨날 무엇을 하고 지내는지도 알 수 없는 봉쇄된 침묵의 장소에서 산다고 하니 요즘 젊은이들의 기준으로는 왜 그러고 사는지 납득이 어렵다는 뜻의 함축된 말일 것이었다.

정말 내가 여기서 무엇을 하고 있는 것인지 가끔 회의가 들기도 하던 터였다. 그러나 나의 생활을 장황하게 설명하기도 그렇고 설명을 해도 젊은이들의 잣대로는 이해하지 못할 것이었다. 그리고 나도 정말로 내가 여기서 무엇을 하고 있는지 모를 때가 많다. 이 질문은 다시 나 자신에게 내가 무엇을 하며 살고 있는지 자문하게 되었다.

어느 날 미사기도 드리는 중에 하신 신부님의 설교말씀이 생각난다.

이집트의 어느 수사가 수도원장(Abbot)에게 질문했다. 복음(福音)을 들어도 마음에 남아 있지 않으니 헛일이라고. 원장은 수사에게 바구니를 들려 '나일 강'으로 보내며 강물을 바구니에 담아오라고 하였다. 물은 돌아오는 동안에 바구니에서 새어나가 남은 것이 없었다. 수사가 원장에게 바구니를 보이니,

"무엇이 남아 있느냐"고 물었다.

"남은 것이 없다"고 수사가 말하자 원장은 또 나일 강으로 보냈다. 이렇게 하기를 세 번째 하고 그래도 바구니에는 남아 있는 물이 없다고 하니 원장은 "그러나 바구니는 깨끗해지지 않았느냐"고 하였다.

복음을 듣는 일은 이와 같다.

신부님의 설교를 들었을 때 "아! 내가 하고 있는 것이 바로 이런 것이 아닐까?" 싶었다.

바구니에 강물을 건지듯이 남는 게 없는 맨날 그게 그거인… 이 세상눈의 잣대로 볼 때 늘 어리석고 바보짓만 하고 있는 것, 이것이 내가 하고 있는 것이고 지금까지 내가 살아오고 있는 방식이었구나 생각하게 하는 계기가 되었다.

이런 비유가 젊은이들에게는 받아들일 수조차 없는 '수도생활'의 비유 중 하나일 것이었다. 그러나 과연 바구니가 깨끗해지듯이 이 어리석어 보이는 반복되는 생활로 내가 정화되었을까?

요즘 젊은이들의 대화 중 '뭐 건질 게 있다' '아무것도 건질 게 없다'는 등의 말을 자주 듣는다. 공부를 하는 것도, 어떤 모

임에 시간을 내서 참여하는 것도 모두 무엇인가를 건지기 위해서 열심히 이것저것 따라가며 살고 있는 듯이 보인다.

수도생활에서 건져지는 어떤 결과가 있을 것인가? 그러나 바구니에는 건질 게 있고 없고를 떠나서 건져지지를 않는다. 이것이 이 생활의 본질인 듯싶다. 이 본질을 알지만 묵묵히 그 길을 오늘도 나는 살고 있다. 바구니로 강물을 건지러 가듯이 그 강가를 향하여 오고 간다.

지현이와 그 젊은이들의 그룹이 낯선 세계를 여행하며 유익한 많은 것을 건져가지고 인생을 배우며 귀국했기를 바라는 마음 간절하다.

기차가 지나가는 마을

삶에는 항상 예기치 않은 일들이 도사리고 있다는 것은 알고 있지만 그래도 어떤 일들은 미스터리입니다. 예기치 않은 일이었는데 지나놓고 보면 예정된 것처럼 되어있으니까요. 이런 걸 운명이라고 하는지 모르겠네요.

벌써 대여섯 해 전의 일이었습니다. 수녀원에 있으면서 한 주간에 한 번씩 기차를 타고 런던으로 여행을 해야 할 일이 있었어요.

차창으로 펼쳐지는 풍경을 바라보는 일이 여행 중 기차 안에서 내가 할 수 있는 일의 대부분이었습니다. 런던이 가까워 오면 아주 저 멀리 언덕 위에 고풍스런 성곽(城郭)인 듯한 대 저택이 아스라이 보였습니다. 저곳에도 우리 수녀원 건물처럼 어느 성주가 살았던 집이었나? 생각하며 그 옛날에 저곳에 살던 사람들은 누구이었을까? 하며 양지 바른쪽에 정겹게 서 있던 큰 저택을 바라보곤 했지요.

그 몇 년 후 원장님과 같이 나의 살 집을 구하고 나는 런던으로 이사를 왔습니다. 그때 지역적인 정보나 뭐 그런 것은 전혀 알 리가 없었지요. 그저 필요에 의해서 적당한 곳에 적당하다고 생각되는 집을 얻었을 뿐이죠.

그런데 이것이 우연일까요? 필연일까요? 나중에 알게 된 일은 달리는 기차 위에서 바라본 그 성곽이 있던 언덕은 '알렉산드라 파크'였고 내가 사는 집에서 멀지 않아 나는 이곳으로 가끔 산책을 나오곤 했지요! 그 무엇이 나를 이곳에 올 수 있게 인도했을까요? 나는 가끔 엉뚱한 공상을 하고 있는 나를 발견하곤 합니다.

나는 지금 파크에 나와서 한 번 휘 둘러 산책을 하는 중이에요. 지금 숲 속으로 난 자그만 길가, 나무 등걸 위에 의자 삼아 앉아서 '내가 전생에 이런 곳에 있었을까?' 하는 엉뚱한 생각이 일어나기 시작하는군요. 맑은 햇볕은 나뭇잎 사이로 숨바꼭질을 하고 있고요.

'전생'에 대한 엉뚱한 생각은 이곳에서뿐만이 아니었어요. 벌써 까마득한 옛날같이 멀게만 느껴지는, 그러니까 내가 10여 년 전에 영국이라는 나라에 생전 처음 떨어졌을 때, 그때 이스트 미들랜드 공항에서 수녀원으로 A6006 도로를 따라 달리고 있을 때였어요. 양편으로 숲이 우거지고 저 멀리 숲 너머로 들

저 위쪽 언덕 위의 저택, 꽃을 잘 가
꾸어 놓은 넓은 잔디밭 정원에는 피크
닉을 나온 듯한 사람들이 여기 저기
그룹으로 모여 앉아 여름날을 즐기고 있
군요.
— <기차가 지나가는 마을>

판으로 어스름이 내리고 있었지요. 원장님이 수녀원이 가까워졌다고 알려주던 그 순간에, '아 내가 언제 여기 왔었지? 이 낯익은 풍경은?' 그리고는 내가 그 숲 속을 거니는 듯한 모습이 보였어요. 아마도 착시현상이었겠지요?

그 후에도 그곳을 가끔 지나가게 되었는데 그때 그 처음생각이 변함없이 반복돼요, 어쩐지 낯 익은 '내가 전생에 이곳에 있었나 보다!' 하는 생각이….

다시 공원 얘기를 해야겠군요. 이곳은 런던사람들이 '런던의 몽마르트 언덕'이라고 한다네요. 런던 시내가 훤히 내려다보이는 아주 사랑스런 넓은 언덕이죠. 이 공원은 고향과도 같은 느낌이 들어요. 그러니까 언젠가 와본 듯한 그런 곳, 내가 지금이 아니고 그 옛날에 살거나 거닐고 있는 그런 환영이 보이는 것 같기도 한 착시현상이랄까요?

황토를 깔아 놓은 듯한 산책길을 걷습니다. 길가의 너른 잔디 위에서 그림을 그리려는 화가도 보이는군요. 잔디 위에 자리를 깔아놓고 그 위에 책상다리를 하고 앉아있는 모습이 한국인의 자세 같다는 생각이 듭니다. 캔버스도 자리 위에 놓고 옆에는 팔레트가 놓여있는데, 주제를 구상하고 있는지 담배를 피워 물고 먼 곳까지 펼쳐진 황토 길을 응시하고 있군요.

그 어떤 영혼이 깃든 그림을 채색할 수 있기를 바라며 나는 그 옆을 지나갑니다. 화가의 옆에는 데리고 나온 딸인 듯한 어린 소녀가 뒹굴며 놀고 있군요. 아름다운 부녀의 모습이에요.

저 위쪽 언덕 위의 저택, 꽃을 잘 가꾸어 놓은 넓은 잔디밭 정원에는 피크닉을 나온듯한 사람들이 여기저기 그룹으로 모여 앉아 여름날을 즐기고 있군요. 아이들이 뛰놀며 아이스크림을 먹으며 놀고 있습니다. 간이 아이스크림 가게는 작은 '밴'이지요. 그 속에는 요술부리듯이 알록달록 색소를 넣어 만든 아이스크림이 아이들을 유혹합니다.

나의 어릴 때가 그 풍경 위로 오버랩 됩니다.

돌아가신 제일 큰오빠는 6·25전쟁이 나기 전 학생일 때 리어카에 아이스크림을 가득 싣고 파는 아르바이트를 했나 보아요. 서울 낙산에서 살 때, 저녁때면 팔고 남은 아이스크림을 가지고 와서 동생들에게 과자고깔에 듬뿍 담아 주었다고 언니가 내게 말해주었던 것을 기억합니다. 언니는 그게 좋아서 오빠가 일 끝내고 돌아오기를 고대하며 기다렸다고 합니다.

이 공원은 고향 생각이 나게 해요. 저 멀리 호수 건너편으로 내가 타고 다니던 기차가 지나가고 있군요. 나의 거처는 저 호수 건너 기차가 지나가는 마을에 있어요. 사실은 그곳이 마을이고 싶은 마음일 뿐이고 복잡한 런던의 도심 속이랍니다.

그래도 새벽녘에 일찍 잠이 깨면 기차가 덜거덕- 웅- 하며 지나가는 소리가 새벽의 고요 속에서 아스라이 들려옵니다. 노천명의 시에서처럼 나는 '기차가 지나가는 마을'에 살고 있구나! 이런 엉뚱한 생각을 하며 이 새벽에 전생과 이생을 오락가락 하곤 합니다. 전생은 망각의 무의식 속에만 있을 뿐이고 간혹 어린애에게만 보이기도 한다고 하던데….

나는 아직 어린애? 아니면 노년에서 어린이로 돌아가고 있는 걸까요? 그런데 내가 내 공상대로 '전생'에 수녀원이나 이런 알렉산드라 팰리스 같은데 살았다면 필시 주인은 아니었을 것 같구요, 그럼 아마도 하녀였을까요?

그렇겠죠? 내가 입고 있는 이 수도복이 원래 중세의 하녀들 복장이었다고 하잖아요? 하하.

그래도 꿈을 꾸면 꿈꾸는 대로 살게 된다고 하지요. 사는 대로 생각하지 않고 생각하는 대로 살게 되는 것처럼 말이지요. 언제나 꼭 그런 것은 아니지만. 나는 전생에 이곳의 하녀이었던 사람이 이생에서 신선이 되어 지금 이곳을 거닐고 있는 거라고 생각하려고 해요.

꽃가게에서 사가지고 나온 '마리골드' 그 노오란 꽃송이가 나를 보고 화사하게 웃어줍니다.

어떤 그리움

"다음은 크로우치엔드 브로드웨이 파크로드입니다. 내리실 분은 준비하세요."

긴 정거장 이름이 안내 방송으로 들려오면 언제나 저만치 로터리에 시계탑이 보인다. 빅토리안 시대에 만들었을 듯한 고풍스런 시계탑이다. 아마 몇 백 년은 거기 그렇게 서 있었을 것 같다.

내가 그 거리와 인연을 맺게 된 것은 파크로드에 있다는 영국 정부 기관 중 하나를 방문할 때부터이다. 어떻게 찾아가야 하느냐고 문의해보았더니 시내버스를 타고 '크로우치엔드 브로드웨이 파크로드'에서 내려 걸어오라는 것이었다.

이름 한 번 길다고 생각하고 내려보니, 영국의 전통적인 좁은 길이 네다섯 갈래로 갈라져 있었다. 그런데 파크로드로 가는 이정표가 눈에 뜨이지 않았다.

주소를 적은 종이를 들고 두리번거리자 초로의 신사가 지그재그로 길을 건너 파크로드 입구까지 안내해주고 돌아갔다.

파크로드는 빅토리안 왕조시대에 지었을 듯싶은 집들이 늘어선 좁은 골목길이다. 그 좁은 길로 영국의 명물인 빨간색 더블데커(double Decker)가 요리조리 차들을 피해가며 잘도 지나가고 있었다.

길을 따라 걷기 시작하면서 낯선 풍경에 흥미가 진진해졌다. 산 속에 살면 산을 보지 못한다더니, 런던 안에서 살면서 이런 전통적인 뒷골목을 발견한 것이 퍽이나 신기했다.

분명히 도심의 하이 스트릿(high street)이 아닌데도 올망졸망 모여 있는 가게 안의 물건들은 참 다양했다. 기타 같은 현악기들을 비롯해 전통 그릇으로 세팅해놓은 인디안 식당, 꽃가게, 선물가게, 미용실, 예쁘고 조그만 가구들을 진열해 놓은 골동품가게… 들어가 구경하고 싶은 가게들이었다.

한 200여 년 전쯤 동네가 이루어졌는가보다고 멋대로 상상했다. 기타 가게에서 기타 줄을 고르기도 하고, 펍(pub)에서 술잔을 기울이며 웃는 그 시절 사람들을 상상하며 걸었다.

"하-이스트릿에 가면 뭐든지 다 있습니다. 하-이스트릿으로 오세요."라고 외치던 방송을 들은 적이 있다.

그러나 옥스퍼드 하이스트릿에 가면 산더미같이 쌓인 개성 없는 물건들이 오히려 사고 싶은 욕망을 사그라지게 만들었다.

그리고는 슬슬 골치가 아팠다. 그래서 '현대문명은 골치를 아프게 하는 거야'라며 재촉해서 집으로 돌아왔다. 그런데 이 거리는 조금도 그런 생각을 들지 않게 만들었다.

오히려 천천히 윈도우 안을 들여다보며 걷게 만들었다. 재봉틀 앞에서 열심히 옷을 고치는 세탁소 여인에게는 다소곳이 보넷을 쓰고 바느질을 하던 옛날 영국 여인네의 영상이 오버랩이 되었다.

그 옆, 샹들리에 파는 가게는 아주 대조적으로 보였다. 화려한 디자인의 샹들리에 불빛들은 너무도 환상적이라서 한참 동안 멍하고 바라보게 만들었다.

빅토리아풍의 건물들이 끝나고, 현대식 건물들이 나타나기 시작했다. 거기가 내 목적지였다.

그 다음 번부터 그곳에 갈 때는 나는 조금 일찍 집을 나섰다. 그 긴 이름의 '크로우치엔드 브로드웨이 파크로드'를 걸어보고 싶어서였다. 오늘은 어떤 것들이 나를 잡아끌까 하는 기대 때문에 일찍 나서지 않을 수 없었다.

눈에 보이는 것은 생각을 이끄는 단서가 되나 보다. 나는 그곳에 갈 때마다 예전에 살았던 주민들의 생활을 떠올리며 걸었다. 그럴 때마다 영국 사람들은 변화를 좋아하지 않는다는 말을 실감했다.

내게는 우리나라 사람들은 새것만 추구하는 것처럼 보인다. 그래서 그런지 고국으로 돌아와서도 변화를 보류하고 사는 듯한 런던의 그 마을이 그립다.

그러고 보면 내 사고는 역주행을 하는 것 같다. 한국의 번화가를 걸을 때면 자주 '크로우치엔드 브로드웨이 파크로드'라는 이름을 꺼내보니 말이다.

회갑을 맞은 나의 동생

나의 동생이 회갑을 맞이했다고 한다. 동생은 일찍 혼자되어 딸 둘을 혼자 키워낸 훌륭한 엄마이다. 그 동생의 딸들이 저들의 어머니 회갑을 맞아 그 생일 선물로 어머니 유럽 여행을 시켜 드린단다. 영국에 살고 있는 저들의 이모인 나까지 포함해서. 그래서 가난한 수도자로서는 여행이란 엄두도 못내는 터에 동생 덕에 호사스런 여행을 함께 떠날 계획을 가지고 있었던 것이다.

그날, 목을 길게 빼고 혹은 종이에 이름자를 크게 써서 들고 공항의 입국 게이트를 바라보며 누군가를 기다리는 사람들로 히드로 공항의 입국게이트 앞은 붐비고 있었다. 나도 그들 틈에 끼어 동생이 나타나기를 기다리고 있었다. 그때, 게이트를 통하여 나타나는 군상들을 보며 '데이트 브리튼' 미술관에서 보았던 영상이 떠올랐다. 얼마 전 그 미술관에 들어섰을 때 어디선가 '그레고리안' 성 음악이 은은히 거룩하게 울려 퍼졌다. 미술관에서 웬 성 음악일까? 끌리듯 그곳에 가보니, '인터내셔널 어라이발(International Arrival)'이라는 제하에 자동 게이트를 통해서 속속 들어오는 슬로모션의 군상들의 영상이 보였다. 거룩한 애수의 감정을 실은 듯한 성 음악이 오버랩 되어 들려오는 동영상 속의 각양각색의 그 사람들의 표정, 그 몸짓에서 인간사의 희로애락(喜怒哀樂)을 다 읽어낼 수 있었던 것이었다. 그 모습이 지금 나의 삶의 여정과 꼭 닮아있다 라는 생각을 하며 나는 그때 그 영상 속 군상들의 한 사람으로 거기 서 있었던 것이었다.

동생은 나의 부모님의 5남매중의 막내였다. 나는 넷째이고. 위로 둘의 오빠와 하나의 언니가 있다. 그들은 우리와 나이차가 꽤 나서 우리 둘이 어렸을 때 그들은 이미 커서 부모를 떠나 멀리 떨어져 살았기에 동생과 나만 남겨져서 같이 살아온 터였다.

동생은 6·25전쟁 때 병을 얻었는데 그 후 부모님은 전쟁통에 고칠 기회를 놓쳐버려 외관상의 핸디캡을 안고 살아왔다. 그럼에도 나보다 명석하여 그녀의 운명을 잘 헤쳐 나갔다. 오히려 변변치 못한 내가 일생 수도생활을 한답시고 살아가는 과정에서 오직 동생만이 내 안에서 가족이라는 버팀목이 되어 주었던 것이다.

동생과의 여행은 먼저 프랑스를 거쳐 스위스, 이태리를 돌아 보았다. 아무 여행 경험이 없는 촌뜨기인 우리에게 이번 여행은 그냥 부딪혀보는 모험이었다. 산악 열차를 타고 갔던 스위스의 '융프라우' 정상에선 산소부족으로 내가 기절했었다! 그때도 어김없이 옆에서 겁이 나서 울면서 동생은 나를 걱정해 주었다. 「오, 솔레미오」, 「산타 루치아」, 「돌아오라 소렌토로」 등의 테너, 바리톤 성악가들의 이태리 민요를 들으며 베니스의 '곤돌라' 위에서 뱃놀이를 즐길 때는 가슴이 뭉클하도록 감동적이었으며, 피렌체, 로마, 성지들을 돌아볼 때, 파리의 센 강에서의 미라보 다리를 통과하는 유람 등, 이 모든 여행의 과정에서 다시 생의 축소판과 같은 희로애락을 동생과 같이 살았던 것이었다.

회갑을 맞은 동생에게 시 한 편을 선물한다.

5월의 바람이 되어
동생아 우리들 생의 날이 저문다.
우리의 삶엔 늘 바람이 많이 불었지
일생을 떨어져 살았으나
핏줄로 맺어진 자매라는 운명은
늘 가슴 한 구석을 시리게 하는 바람이었어.
저물어 가는 이 저녁
저 창밖의 가로등 불빛을 보라!
소리 없이 쓸쓸히 웃으며

시린 마음을 서로 기대이는 듯
이제 주어진 너와 나의 자유시간
바람이 되어 같이 어디론가 날아가 보자.

\- 스위스 인터라켄에서의 저녁에 -

회갑을 맞은 나의 동생에게 남은 생(生)도 하나님 축복이 함께 계시기를 빈다.

주 수난일(Good Friday)의 수녀원 풍경

개인적으로 내가 죄인임을 가슴 치며 돌아보게 하는 날이 '주 예수 수난일'일 것이다. 그중에서도 수난일에 행하는 전례, '십자가 경배'를 드리는 예식이 아닐까 생각한다.

'예수께서 달리신 십자가의 나무를 볼지어다!' 하면서 수녀들은 한 사람 한 사람 차례대로 신부님이 제대 앞에 서서 들고 있는 십자가를 향해서 걸어간다. '아! 예수님이 나 때문에 저렇게 돌아가셨구나!' 하는 마음가짐으로. 수녀들이 구슬프게도 회계하는 기도문을 성가대 석에서 노래하는 가운데 한 사람 한 사람씩 십자가를 향해서 천천히 걸어가서 십자가 위에 달린 예수모상의 발에 입 맞추는 예식이다.

회개를 종용 하는 듯한 기도문은 대개 구약의 이스라엘 민족이 예수께서 선포한 하느님의 구원의 메시지를 알아듣지 못하고 예수를 배반한 그런 문구들이다. 마찬가지로 어떻게 예수께서 이스라엘 민족에 의해서 십자가 위에 매달려 처형당하게 된 것인가 하는 성경말씀의 슬픔의 메시지를 담고 있어서 정말이지 저절로 가슴이 슬픔으로 미어져 오는 듯하다.

- 내 백성들아 내가 너희에게 무슨 잘못을 했느냐 대답하라!
- 나는 너희를 에집트의 종살이에서 자유를 주었으나 너희는 나를 십자가에 못 박았느냐?
- (후렴; 거룩하신 주여 거룩한 힘이시며 불사하신 주여 우리를 불쌍히 여기소서.)
- 나는 너희를 40년의 종살이에서 사막을 거쳐 천상의 만나를 먹이며 풍성한 땅으로 데려왔건만, 너희는 나를 십자가로 인도하는구나!(후렴)
- 내가 너희를 위해 흠 없는 처음 포도나무를 심었는데, 너희는 쓴 포도주를 산출하는구나.(후렴)
- 너희는 내가 목마를 때에 쓴 초를 마시게 주었으며, 나의 옆구리를 창으로 찔렀다.(후렴)
- 하느님은 너희 구원을 위해 그의 아들을 주었는데, 너희는 포핵자로 그에게 채찍을 때리는구나.(후렴)
- 나는 너희를 채찍질 하던 너희의 포핵자를 바다에 잠기게 하였는데, 너희는 나를 너희의 제사장에게 넘기는가!(후렴)
- 나는 너희 앞에 바다를 열어 주었는데, 너희는 나의 옆구리를 창으로 찔렀다.(후렴)
- 나는 너희를 구름기둥으로 인도하였으나, 너희는 빌라도의 법정으로 나를 인도하였다.(후렴)

퍼뜩 '지금 내가 무엇을 하고 있는
거야! 경건해야 할 시간에 남의 기도
드리는 행동만 힐끗 힐끗 보고 있다니.'
하고 순간적으로 내 행동을 고치려
했다. 그러나 어쩔 수 없다.
—〈주 수난일의 수녀원 풍경〉

- 나는 바위에서 물이 나게 하여 너희에게 마시게 하였는데,
너희는 나에게 초를 마시게 하였느냐! (후렴)

이런 내용의 슬픈 노래를 '책망가'라고 하는데 곡을 슬프게 만들어 정말 눈물이 나도록 나를 참회하게 만든다.

기도를 드리며 수녀들이 한 사람 한 사람씩 천천히 십자가를 향하여 중간에 세 번 엎드려 경배 하면서 걸어 나아갈 때 그 모습은 참으로 각각 다르다.

물론 다 경건하지만 메리 버나데드 수녀님(Sister Mary Bernadette)의 모습은 압권이다!

그녀는 성화에 나오는 십자가 아래의 성모님처럼 고개를 약간 옆으로 기울인 채(나는 그 수녀님의 자세를 늘 6시 5분 전이라고 한다) 손을 가슴 위로 모으고 슬픈 표정으로 걸어 나가신다. 그 경건한 태도와 모습은 슬픔의 성모를 연상시키기에 충분하다.

여섯 시 오 분 전이 아니라면 억지로는 절대 연출할 수 없는 모습이라고 생각하면서 나는 경건한 수녀님이 십자가의 예수님의 발에 입 맞추러 나가시는 모습을 힐끔힐끔 바라보며 비슷하게 흉내내어 보려 하지만 절대 흉내낼 수 없는 것 같았다.

퍼뜩 '지금 내가 무엇을 하고 있는 거야! 경건해야 할 시간에 남의 기도 드리는 행동만 힐끗힐끗 보고 있다니.' 하고 순간적으로 내 행동을 고치려 했다. 그러나 어쩔 수 없다. 나는 그 수녀님 뒤의 순서로 따라가고 있었고 보고 배워서 그대로 해야

했기 때문이었다.

그러니 '거룩하시고 불사하신 주님 나를 불쌍히 여겨 주소서' 라고 가슴을 치며 따라갔다.

1년에 한 번 주의 수난일의 가슴을 울리는 예식에서 나는 나를 정화시키려 노력한다.

전례를 만드는 교회의 전문가들이 존경스럽다는 생각을 한다. 그리고는 다시 1년 동안 회계하겠다는 마음을 까맣게 잊어버리고 지내게 되기도 한다. 이런 나에게 매년 이 예식을 통해서 회계하는 자리를 마련하는 수도원 규칙은 그래서 나에게 구원을 가져다주는 한 방법이 아닐까 생각한다.

동병상련(同病相憐)

어렸을 때부터 책 읽기를 좋아했다. 윤석중, 이원수 선생님들 또는 권정생 선생님 근래에는 정지용 선생님 같은 이들의 동시나 동화가 좋았다. 피천득 선생님은 말할 것도 없고 김남조, 유안진 선생님들의 수필이나, 날아갈 듯 지식의 갈증을 풀어주는 이어령 선생의 수필이 좋았다. 소설로는 황순원 선생님의 '소나기' 같은 것이다. 연대적으로 보니 내가 구세대인 것이 분명하다. 그러나 인상에 남기로는 내 정서가 메말라 있었을 때 읽은 책의 기억이다.

살아오며 대오각성과 성찰의 시간이 필요했던 때가 있었다. 그래서 그때 영국으로 가서 이방인이 되었다. 수도원에서 기도만이 유일한 삶의 방법이었고 수녀원의 특성상 실제로 여행을 자주 할 수 없었다. 갇힌 구역 안에서의 문화, 언어 등의 고립을 느꼈다.

바로 그때 나는 이 책 한 권을 퀴퀴한 냄새나는 수도원 도서실에서 발견했다. 무게를 잡고 서가에 정렬돼 있는 책들은 대개가 클래식한 영어로 돼있는 고서(古書)들이다. 감히 꺼내서 읽을 엄두도 안 나는 그런 책들 말이다. 그런데 오래돼 보이긴 마찬가진데 그중 내 눈에 꽂힌 책이 하나 있었다. 보물을 발견한 듯 얼른 뽑아서 보았다.

「The Silent Traveller in London」이라는 제목으로 영어로 쓰인 책이었다. 작가는 런던에 여러 해 살아오던 중국인 방문자였다. 내용은 산문인데 '기행문'으로 보였다. 그는 다른 중국작가의 말을 인용해서 책속에 이렇게도 말했다. 'Those who speak knows nothing, Those who knows are silent.' '아는 것이 없는 자는 말을 하고, 알고 있는 자는 침묵한다'는 말 아닌가! 아이러니했지만 제목이 내 처지와 같은 것 같아 끌렸다.

1944년에 4판이 인쇄되었다고 되어있었다. 그러니 내가 태어나기도 전에 쓰여진 책이 아니던가! 그는 런던에 살면서 동양인으로서 동서양의 문화의 다른 점에 충격을 받았지만 담담히 비교해 가면서 런던사람들의 언어, 문화, 풍습에 대하여 썼다. 그리고 긍정적 마인드를 가지고 영국의 문화를 존중하고 받아들이는 게 인상적이었다. 그렇다고 자기네 문화를 비하하지도 않으면서….

그때 나는 이 중국작가의 글을 통해서 '런던'을 여행했다. 그리고 그때 6~70년 가까이 지난 그 글 속의 런던이 지금의 런던과 변한 게 없다는 사실이 놀라웠다. 변화를 싫어하고 옛것을 좋아하는 영국 사람들의 문화가 잘 나타나 있었다. 나는 이 책을 읽으며 런던의 문화를 익혔다고 할 수 있었다.

책을 쓴 이가 같은 동양인이라 그랬던가? 책을 읽으며 고개가 끄덕여졌다. 그리고 내 외로운 이국생활에서 이 책은 외부와 단절된 내 삶을 새롭게 조망해 보는 기회가 되었고 위안이 되었다. 그리고 나도 그처럼 산문을 쓰는 자세를 익히고 싶었다. 그처럼 삽화도 그려 넣으면서…. 우연히 발견한 케케묵은 책 한 권이 나를 새롭게 가다듬는 계기였다.

나에게 사람들은 '역마살'이 있다고들 말하곤 한다. 되돌아보면 본의 아니게 이국을 방랑했던 내 운명이 하나님의 섭리였는지…. 아무튼 적재적소에서 빼들어 읽게 된 이 책으로 인해서 나는 기행문을 즐겨 읽는다. 기행문은 세상을 멀리 보는 거울이 되어 준다.

때로 나의 이야기가 아닌 너의 이야기도 궁금하다. 어디인가 아득한 나라, 미지의 사람들을 상상하는 너의 이야기는 나에게 어떤 평안과 희망을 선물하는 것 같다.

4.

향수와 여정

어둡고 고통스러웠던, 또는 기쁘고 즐거웠고 행복했던 지난 한 해의 감동들을 뒤에 남겨두고 가려는데··· 창밖에 안개를 쓴 나무들은 마치 빗속에서 우산을 쓴 손님처럼 문밖에 서서 나를 찾아와 있는 듯하다.

- 「송년(送年)」 중에서 -

얼리 버드(Early bird)

조르륵 찌르륵, 짹짹 지지 배배, 호이 호이오, 귓전에서 새들이 지저귀며 노래하는 소리가 창밖 저 너머에서 들려온다. 나는 그 새소리를 들으며 날마다 잠에서 깨어난다.

"아! 귀여운 것들! 알았어! 너희들도 이제 일어나는구나!"

새벽이 오는 것이다. 시계를 보면 어김없이 새벽 4시쯤이다. 비몽사몽간에 새들의 노랫소리 어김없이 들려오면 나 자신의 규칙상 기상(起床)해야 할 시간보다 한참 이른 시간이다. 이럴 때 나는 '수도자는 기상시간이 되면 이부자리에 불붙은 것처럼 벌떡 일어날 것이다'라는 수도생활의 관습에 명시된 불문률을 무시한 지 오래다. 노년이 되면 잠이 줄어든다고들 하는 소리를 들었는데 나도 이젠 노년에 접어들었을까? 새벽잠이 없어지는걸 보면….

이곳 영국에선 일찍 일어나는 사람을 얼리 버드(Early Bird)라고 한다. 그런데 나는 생각한다. '얼리 버드는 엄연히 저 밖에 있는데 왜 사람들은 얼리 버드의 정체성마저 뺏어다 왜 사람에게 붙여놓는 것일까?' 내가 얼리 버드인지 얼리 버드가 나인지 헷갈린다는 생각을 하며 선문답 아닌 선문답을 하곤 한다.

자리 속에서 새들의 깨어나는 소리를 가만히 경청하고 있노라면 저 조용한 노랫소리는 숲 속에서 마음껏 목청을 돋우어 노래하는 새들의 소리는 아닌 것 같다. 잠에서 배시시 깨어나서 도란도란 수런수런 서로 주고받는 하루를 준비하는 부산한 소리일 것이다.

새소리가 들려오면 창밖 저 너머에서는 세상도 깨어나고 있다. 자동차의 붕붕 시동 거는 소리며, 똑똑 걸어가는 구두 발자국소리, 저 멀리 알렉산드리아 파크스테이션을 지나는 철로 위의 기차소리들이 아스라이 들려온다.

지금 내가 살고 있는 집 주변을 둘러보면 그 여러 종류의 새들이 산다. 그런데 어디에 살고 있는 것인지 알 수가 없다. 키가 아주 큰 나무들이 교회 정원에 몇 그루 있으니 저 큰 나뭇가지 어디엔가 은신처인 둥지가 있거나 아니면 공원의 편안한 둥지에서 자고 새벽에 날 깨우러 교회로 오는 걸까? 하며 엉뚱한 생각을 하기도 한다. 그렇지만 고것들은 내 집의 주변에 살고 있는 것이 확실하다.

지난 가을에는 블랙버드가 나의 집 현관 밖 개나리 나무에서

가을도 깊은 어느 날 무심히 그 나무
곁을 지나는데 짹짹 하는 아기새 우
는 소리가 들리는 것이었다. 아니 놀라
워라. 거기 블랙버드가 벌레를 물어다
가 둥지 안의 새끼(chick)들에게
먹이고 있었다.
— <얼리버드>

새끼를 까서 기르고 그리고는 데리고 날아가 버렸다. 나는 그것을 나중에야 알았다. 아마 지난여름 나뭇잎이 무성할 때 둥지를 짓고 알을 낳아 품은 것이 분명했다.

가을도 깊은 어느 날 무심히 그 나무 곁을 지나는데 짹짹 하는 아기 새 우는 소리가 들리는 것이었다. 아! 놀라워라 거기 블랙버드가 벌레를 물어다가 둥지 안의 새끼(chick)들에게 먹이고 있었다.

"드나들며 이 놀라운 광경을 보지 못하다니!"

어미가 먹이 구하러 날아간 둥지 안은 다시 조용해졌다. 나는 가만히 둥지를 살피며 관찰했다. 생태적으로는 마른 풀잎, 나무뿌리, 깃털 같은 것으로 둥지를 지었어야 하는 것일 텐데 이 도시 한복판에 그런 것이 어디 그리 있었겠는가? 둥지는 놀랍게도 비닐봉지 조각들을 물어다가 조그만 나뭇가지를 얼키설키 얽어매어 날아가지 않게 지탱해 놓은 것이었다.

"이건 인간 건축가도 따르지 못할 생존을 위한 아이디어가 아닌가!"

가을이 깊어 개나리 나뭇가지에도 잎이 지기 시작하니 휑하니 둥지가 드러나고 허전해질 즈음 블랙버드는 새끼들을 데리고 어디론지 날아갔다. 다만 새벽에 그 청량한 노랫소리 들려오는 것을 보면 이 주위 어디 안전한 곳에 있나 보았다. 그리고 가끔 성당의 높은 지붕 추녀 끝자락을 이쪽저쪽으로 날아다닌다. 그러면서 아름다운 멜로디로 노래 부르는걸 보았다.

개나리 나무가 겨울나목이 되었을 때 나는 현관 앞 낙엽을 긁어모아 태웠다. 그러면서 비닐을 엮어 만든 블랙버드가 날아가 버리고 없는 빈 둥지가 바람에 펄럭이고 있는 것이 좀 보기에 썰렁했다.

"새봄이 오면 분명 다시 집을 지을 거야. 이 낡은 둥지는 헐어버리자."

그리고는 들고 있던 빗자루로 툭 건드리자 둥지는 땅에 툭 떨어져 내렸다. 떨어진 둥지를 들여다본 나는 다시 한 번 놀랐다. 거기에는 비닐로 엮어 만든 둥지의 제일 중심에 정말로 조그맣고 실같이 가는 마른풀 잎들로 엮어 만든 정교한 작은 둥지가 자리 잡고 있었다. '예술의 극치! 어느 건축가가 이렇게 정교한 둥지를 만들 수 있을까?' 나는 둥지를 헐어버린 실수를 자책하며 정교하고 조그만 둥지를 손에 모셔 들고 한참을 멍하니 서 있었다. 그리고는 집안으로 가져와서 상위에 놓아두고 날마다 바라보며 단상에 잠기기도 한다.

호오이 호이오. 호이이 새들의 노래가 들리는 듯하다. 새들이 다시 내 집 주위로 모여들 봄을 기다린다.

얼 굴

요즘은 컴퓨터라는 경이로운 문명의 이기(利器)가 있는 세상인데 나 자신은 소위 컴맹이지만서도 이번 경우에는 그 혜택을 톡톡히 누렸다.

반세기도 넘는 세월이 지나간 지금 내게는 없는 그리고 생각지도 못했던 어릴 적 초등학교 때 졸업앨범을 컴퓨터를 통해서 받았다. 아마 누군가 가지고 있던 것을 스캔을 해서 컴퓨터에서 앨범으로 만들어 보내준 모양이다. 그걸 친구가 받았고 또 친구는 나에게 보내주었던 것이다.

그 앨범을 보는 것은 까맣게 잊어버리고 있던 어릴 때 들었던 전래동화의 이야기를 상기하는 것 같았다. 또는 세기가 지나서 묻어두었던 '타임캡슐'을 열어본 듯, 신기하고 정답고 마음을 두드리는 그 무엇인가 가 있었다. 그것은 감동 그 자체였다.

어릴 때 같이 공부하던 반 동무들의 얼굴 얼굴들, 모두 모두 거기 있었고 50여 년이 지났는데도 지금 길에서 만난다 해도 알아볼 수 있을 것 같은 그때 그대로의 얼굴들이어서 나를 흥분시켰다.

반장이던 아이, 반장을 졸졸 따라다니던 짝패, 키가 크던 저 아이도 기억나고, 그리고 단발머리 여자애들… 등등. 내 모습도 그들 중에 있었다. 사진 찍는 동안이라 그랬을까 천진한 그 얼굴, 어리둥절한 듯한 저 아이, 아! 내 모습이 저랬구나!

내 얼굴을 보며 지난 세월에서 나를 유추해 본다.

지금도 어릴 때 그 얼굴에 나타났던 순진한 마음이 남아있나? 입을 꼭 다물고 교실에 앉아서 선생님의 말씀을 놓치지 않고 경청하는 듯한 그 진지한 모습이 지금도 남아 있는 것이냐 말이다.

학교 갈 때 오가며 건너야 했던 '섭다리'며 아련히 기억 속에 있던 학교의 낡은 교사(校舍), 그 안에서 풍금을 치던 선생님이 복도를 지나가던 나를 보고 웃어주고, 복도를 지나던 선생님은 나의 머리를 쓰다듬으며 웃어주시던 선생님들의 그 미소도 손에 잡힐 듯하다.

전쟁 후에 가난했으며 굶주렸고 생활의 필수품도 없던 그 시절, 지금은 세상이 풍요롭지만 가난해야 하는 내가 선택한 내가 가는 이 길, 남들이 가지 않는 이 길을 내가 택해야 했던 것은 아마도 그때 그 얼굴 위에 운명 지어져 있지 않았을까 그런 생각을 해본다.

아! 할 수만 있다면 그 어릴 때로 돌아가고 싶다! 정다운 산천도 보고 싶다. 그리고 거기 그 자라난 고향에 낯모르는 이웃이라도 다 피붙이 같았다. 시골 길가나 밭둑에 앉아 산천을 바라보던 노인들도 다 정답고 푸근했던 그때 그 모든 얼굴들이 오버랩 된다. 그리고 지금 나의 얼굴도 그들 중에 있다.

얼굴에서 이미 모든 게 운명 지어졌을까? 그때 그 얼굴들이 하나도 같은 이가 없듯이 지금 또한 가는 길이 같은 이가 하나도 없다.

나는 한국인이고 황색인종이다. 이 유럽 국가 중의 한 나라인 영국에서 살아오며 나는 어떤 때 내 얼굴빛깔의 정체성을 잃어버리고 지낼 때가 있다. 이 영국 사람들 속에서 오래 생활하려면 그 안에 융화되어만 하기 때문에 모든 것을 그들의 풍습을 따르려고 노력하며 살아왔다. 그러나 이 때문에 실수하는 적도 있다. 나는 내가 영국 안에 그 많은 소수 민족들 중에 한 나라인 한국 사람임을 잠시 잊어버리고 만다. 그리고 영국에 사는 영국시민들 속에 융화되었다고 착각하는 때가 있었던 것이다.

런던으로 처음 이사 갔을 때였다. 이사 간 지역은 소수민족들이 많이 사는 곳이었다. 타운은 공공질서도 어지러웠고 길거리도 지저분하기 이루 말할 수 없었다. 이곳이 영국이라고 믿기 어려울 정도였다. 질서정연하고 아름다운 수녀원에서만 생활하던 내가 처음 경험하는 환경이었다. 그 후 수녀원에 방문했을 때, "이사 간 곳은 말이에요. 다른 나라에서 온 소수민족들이 많아서 그런지 질서가 없고 환경이 몹시도 지저분하던걸요." 하고 말한 적이 있었다.

"아하, 그렇다면 그곳에 소수민족 한 사람이 더 늘었군요." 하는 대답이 돌아왔다.

이 소리를 듣는 순간 나는 가슴이 철렁 내려앉았다. 아마도 그것은 모욕감이 아니었나 싶다. 그들 중에 아무리 오래 있었어도 사고(思考)는 변화될 수 있었는지 모르나 얼굴색은 변화될 수 없음을, 그리고 그들은 내가 아무리 여기서 오래 산들 그들 속에 영국 사람으로 쳐주지 않을 것임을. 절대로 같은 얼굴이 될 수 없다는 사실을. 아마도 내가 내 얼굴을 시시로 거울에 비치듯이 마주 볼 수 있었다면 잊지 않았을까!

이런 사소한 사건이라도 겪게 되면 어릴 때 자라던 고국이 더더욱 돌아가고 싶어졌다. 그러한들 어쩌랴. 뒤돌아보지 말고 지금 가는 길을 열심히 살아야 할 것이었다. 이 얼굴 위에 운명 지어진 대로.

나의 봄으로 흐르는 종소리는

주위에는 봄이 한창 흐드러져 있다.

이 주체할 수 없는 봄의 환희 속으로 지금 어디선가 은은한 종소리가 흘러와 내 귓가에서 맴돈다. 도르르 도르르 아침이슬이 새봄의 연녹색 이파리들 위로 구르고 새 생명의 꽃들이 환호하는 듯한 부활축일 아침(Easter Sunday Morning!).

이곳은 영국, 그것도 전원 속에 아주 고립된 수녀원의 뜰이다. 저 멀리 끝도 없이 바라보이는 들판과 구릉. 외딴 곳의 농가인지 간혹 집들이 보인다.

유채꽃은 들판을 온통 노랗게 물들이고 밭과 밭 구릉과 구릉 사이 경계선에는 호손(hawthorn)이라는 하얀 꽃이 구름같이 피어있다. 영국에서 내가 본 이 호손은 가시가 있는 나무로 울타리를 삼는 관목인 것 같다.

구릉을 넘고 유채꽃밭 고랑을 지나서 오느라고 그럴까? 주님부활 알리는 이 아침 종소리는 흘러오듯이 들린다. 어느 작은 시골교회로부터 흘러오는 소리일 터이다.

나는 지난 5년을 런던의 도심 속에서 살아오고 있다. 며칠 전에 이곳 전원 속에 있는 수녀원으로 와서 부활축일을 지내는 중이고 이제 곧 런던을 떠나서 이곳으로 아주 이사 올 터였다. 그리고는 고국으로 곧 영구 귀국할 수 있기를 바라는 마음이다. 남은 여생이 얼마가 될지는 모르지만 결국 내가 남은 평생을 있다가 죽어갈 곳은 고국 땅 어딘가라는 생각이다.

런던에서도 교회의 사제관저에 사니 바로 옆의 성당에서 하루 세 번 종소리를 들으며 산다. 종을 누가 울리는 것은 아닌 듯하다. 녹음해놓고 기계를 사용해 자동으로 시간 맞춰 들리게 하는 종소리는 솔직히 감동이 없다.

감동이라는 게 무엇인가? 왜 사람이 울리는 종소리와 기계에서 들려오는 종소리는 다르게 들리지? 하고 종소리에 대한 단상이 밀려온다.

나의 삶은 고비마다 종소리를 듣고 살아왔다.

종을 울려 그 소리를 사람이 듣도록 전달하는 것은 어떤 경각심을 주기 위한 것이리라. 물론 시간을 알리는 기능도 하지만….

나는 교회에 몸담고 평생을 살아오니 교회 종소리를 잘 기억한다. 어릴 때 살던 시골마을 산등성이에 있던 교회에서 울려 퍼지던 종소리는 주위에 여기저기 옹기종기 모여 있던 여러 마을까지 들렸다. 그 소리가 꼭 나를 부르는 것 같아 가만히 있을 수 없어 교회로 달려가곤 했다.

산속에서 울려오는 절간의 범종소리는 어떤가? 삼라만상을 깨우는 범종소리는 대개 새벽 세시에 울려 퍼진다. 산이 많은 우리나라에서는 산간마을에 살 때면 골짜기마다 있는 많은 암자나 절에서 둥둥 은은하게도 울려 퍼지는 범종소리를 어디서나 쉽게 들을 수 있었다.

대개 새벽잠이 깨어 이부자리 속에서 듣게 되어 많은 감회를 불러오곤 했었다.

어렸을 때는 종소리가 주제가 된 여러 설화를 듣고 또는 책에서 읽고 자라지 않았던가? 한 가지 예로, 둥지를 침범한 구렁이에게서 새끼까치를 구해준 선비에게 그 은혜를 보답하기 위해서 죽기까지 머리에 피를 흘려가며 종을 울려준 까치 이야기며, 서양의 산타 할아버지가 징글벨을 울리며 코가 빨간 사슴이 끄는 썰매를 타고 선물을 주러온다는 등의 종소리 설화들은 삶에 여러 가지 모양으로 잠재되어 선한 마음을 가지도록 경각심을 주고 있는 게 아닐까 생각해 보는 것이다.

저 종소리! 들판을 건너 영국의 시골마을 작은 교회 어디선가 흘러오는 저 종소리, 저 은은하고도 리드미컬한 종소리는 지금 내 가슴을 정화시켜주고 있다. 그리고 부활축일 아침(Easter Sunday Morning) 이 순간의 한 그림은 내 가슴에 각인되어 마음속 이야기책의 한 장(chapter)으로 기록될 것 같다.

강가의 아침

고국에선 머리가 벗겨질 만큼 뜨거운 여름이라는데 런던은 벌써 가을의 언저리에 와 있는 것 같다.

런던에서 북쪽으로 머지않은 곳에 캐러밴을 정차시키고 또는 텐트를 치고 캠핑을 할 수 있는 공원이 있다. 교회의 프로그램에 따라 젊은 그대들 속에 끼어 나도 좀 젊어지려고 과감하게 생전 처음 텐트 속에서 잠을 잘 각오로 캠핑에 참여하기로 했다.

심상찮은 영국의 날씨는 캠프 첫날밤에는 밤새도록 텐트 위로 비가 내렸다. 줄기찬 여름소나기가 정신과 몸을 뉘인 텐트 속 얼굴 위로 통곡처럼 쏟아지는 것 같았다. 아니면 그 여름 끝자락의 열기와 정열을 계절은 빗속에 쏟아 붓는 것일까?

생전 처음의 캠프경험은 이런 것이라고 알려주는 것 같아 귀를 쫑긋하고 어둠 속을 응시하는 게 스릴 있었다.

다음날 이른 아침 예의 그 수도자의 규칙, 기상시간에 길들여져 일찍 일어났다. 고국의 절후대로라면 모기입이 삐뚤어진다는 '처서'이다. 그래서인지 간밤엔 모기 손님은 별로 많지 않았다. 한낮 미물인 모기도 조용히 물러날 때를 알고 있나 보았다.

엊저녁에 무슨 일이 있었냐는 듯이 하늘은 푸르고 높기만 했다. 아침 해는 영롱하게 텐트와 잔디 위를 비추이고 있다. 그래서 어딘가 주위에 있을 법한 산책로를 찾아 나섰다.

그러면 그렇지! 캠프장 옆으로 숲 속을 헤쳐가 보니 월담(Waltham river)이라는 강이 흐르고 있었다. 강가를 따라 사람의 발길이 닿지 않은 듯한 산책로가 나 있었다. '이 강물은 데임스강으로 흘러서 런던의 상수원이 된다'라는 싸인 포스트와 함께….

이른 아침 강가의 산책로를 걸으며 여기저기 피어난 이름 모를 들꽃들이 가을이 오고 있음을 알려주고 있는 듯 이슬을 머금고 수줍고 인정스레 웃으며 나그네를 반겨준다. 길 따라 한 옆의 넓은 밭에는 옥수수들이 익어가고 있었다. 방울방울 여름 이야기가 옥수수수염 속에서 여물어가고 있는 듯 수염을 벗겨 보고 싶은 충동마저 느꼈다. 가을이 저만치 옥수수 밭고랑 사이로 오는 듯하다.

강물 따라 옥수수 밭을 옆에 끼고 산책하며 생각한다. 이제는 바야흐로 봄과 여름이 뒷모습을 보이며 저만치서 지나가고 가을을 맞이해야 할 때인 것이다. 지난 계절의 그 모든 것을 모두 내 안으로 가다듬어 쉼 없이 꿈틀거리는 내 안의 언어들

강을 따라 옥수수밭을 옆에 끼고 산책하
며 생각한다. 이제는 바야흐로 봄과 여름
이 뒷모습을 보이며 저만치서 지나가고
가을을 맞이해야 할 때인 것이다.
— <강가의 아침>

과 성숙한 조화를 이루었으면 좋겠다는 생각을 하며 걸었다.

특히 '상처'라는 언어를 명상하며 걸었다. 아프지 않다면 깊은 애증이 없을 것이다. 따라서 애증이 없다면 삶에 대한 깊은 사고(思考)가 없는 것이리라.

가을은 벌써 내 안에 들어오고 있었다. 계절은 이처럼 단호하고 정직하게 올 때 오고 갈 때 가건만 나는 늘 계절의 언저리에서 방황한다. 고사목을 안고 흐르는 무심한 강물 저만치 오고 있는 가을! 나도 강물 따라 끝없이 걸으며 내 안의 상처를 치유하려 애쓴다.

강가의 모닝글로리, 이른 아침 영롱한 햇볕에 글로리아 글로리아 찬양하며 여기저기서 그 얇은 꽃잎을 벌려 나팔로 환호하고 있는 듯하다.

'너희는 따로 한적한 곳에 가서 잠깐 쉬어라' 하신 주님의 말씀이 오늘 아침 왜 그리도 나에게 진리처럼 다가오는 것일까. 오늘 아침 캠핑장에서 일찍 일어난 덕에 모처럼 한적한 강가의 산책길을 걸으며, 예수님의 말씀에 따라 쉬어갈 수 있었던 캠프의 시간에도 예찬을 보낸다.

고마운 계절 고마운 자연에 감사하면서….

이 맑은 가을바람

가을날입니다. 맑은 바람이 수녀원의 정원에 참나무 숲을 스치고 지나갑니다.

어제가 추석이었네요. 고국에 있을 때도 명절이라 해야 찾아나설 집과 고향이 따로 있지 않은 수도자였기에 갈 곳도 없었지만, 이곳에서는 더더욱 그렇습니다. 그리고 이곳에서는 추석을 연관 지어 생각할만한 아무 동기가 없는데도 때마다 내 머릿속에서는 자동적으로 명절임을 상기시켜 줍니다. 가을바람이….

어제 종과기도시간에 채플로 들어서는데 유리창을 통해서 보이는 보름달이 구름 사이로 은은하고도 우아했습니다. '아! 저기 저 달 속에 계수나무 밑에 토끼가 떡방아 찧고 있구나!' 하는 전래동화를 생각하며 한참을 기둥처럼 서서 바라봤습니다. 몸에 밴 엉뚱한 한국인의 정서 탓이겠지요.

추석이면 땅 한 뙈기 농사는 짓지 못해도 햇곡식을 찾고 햇과일을 찾아 한상차려 제사지내던 우리네의 정서가 몹시 그리운 때입니다.

수녀원 정원엔 아름드리 상수리나무가 많아요. 이때쯤이면 정원의 다람쥐와 같이 도토리를 주우면서 열매가 주는 가을의 정서에 젖어보는 것이지요.

나 어릴 적엔 어머니와 언니가 야산으로 도토리를 주우러 가곤 했습니다. 나도 따라다니며 주운 적이 있고요. 고국에의 야산에 지천으로 열린 도토리는 '개 도토리' 또는 '가 도토리'라고 하였지요. 앉아서 따야할 정도로 가 도토리나무는 아담하고 작았습니다. 갸름하고 조그마한 도토리들이 키 재기라도 하듯이 몸 비벼가며 조랑조랑 열렸던 게 눈에 선합니다. 연고동색으로 반짝반짝 빛을 내며 가을볕 아래서 익어가고 있었는데….

이를 주워다가 절구에 껍질째 찧어서 우물가에 동이를 놓고 물을 수없이 갈아가며 떫은맛을 우려냈지요. 그리고는 그 녹말을 햇볕에 말려서 도토리묵 가루를 만들었던 걸 기억합니다. 그것으로 필요에 따라 조금씩 묵을 쑤었습니다.

나는 도토리묵을 유난히 좋아했는데 이는 몸에 약이 되는 음식이라고도 했지요. 그 후 수녀원에 있으면서 어머니에게 가면 손수 만든 묵가루가 없으니 시장에라도 가셔서 묵을 사다 무쳐 주셨어요. 그러나 그것은 어머니 손 정성의 맛뿐이었습니다.

지금 주워 모으고 있는 도토리는 아무 쓸데가 없을 것입니다. 마를지 썩어서 버리게 될지, 다만 내 기억속의 정서를 주워 모을 뿐이지요. 그저 맑은 가을 햇볕 아래서 지천으로 떨어진 정원의 도토리를 발밑에 밟아가며 주워 모읍니다.

사람의 정서라는 것이 특히 나같이 고리타분한 정서는 여기 영국에선 탈출구가 없는 것 같아요. 더군다나 뼛속 깊이 배인 자랄 적부터의 정서는 변화시킬 길이 없다는 생각이 듭니다.

나의 이 기분을 알길 없는 주위의 환경들이니, 엉뚱한 도토리만 집어 들었다가 "영국의 도토리들아, 너희들은 왜 반짝반짝 빛나지도 않고 다 익기도 전에 떨어져 버리는 거야! 덜 익었잖아! 그리고 못 생겼어!" 하며 다시 땅에 내던져 버리곤 합니다. 이곳 영국엔 일조량이 적어서 모든 열매는 완전히 익질 못하고 떨어져 버리는 걸요. 이유를 다 알면서 그러는 내가 우습기도 하죠.

'처서 무렵에 가을꽃이 피어난다'고 김용택 시인의 책 속에서 읽었는데 지금이 바로 그때쯤입니다. 이곳의 가을꽃이란 한 2~3미터 높이의 나무에 피어있는 이름 모를 보라색 꽃이 압권인 듯해요. 공작 호랑나비들은 이때 무리지어 피어있는 꽃 위로 무리지어 앉아서 꿀을 채집하고 있습니다. 해맑은 햇볕 아래 이 풍경은 한 폭의 그림 같습니다.

이곳에 살다보니 무엇이든 고국의 그것들과 늘 비교하는 나를 발견합니다. 그러나 지금 있는 것에서 기쁨과 보람을 느끼려고 노력하고 있습니다. 이 시간들이 인생을 낭비하지 않는 지혜라고 스쳐가는 가을바람이 귀띔해 주는 것 같습니다.

다시 김용택 시인의 말을 빌리면 '산도 한 30년 보아야 산이다. 걸으면서 산을 보는 그 행복이 나를 이 산중에 잡아둔다.'고 했지 않습니까?

나도 한 10년 이곳에 살아오며 산은 아닐지라도 주위의 목장이나 구릉들을 늘 보아서 그런지 눈과 마음속에 낯이 익어가긴 해요. 아마 이곳을 떠나면 이곳이 다시 그리워지겠지요. 그럴지라도 이곳의 행복이 나를 이곳에 잡아 두지는 않을 것 같습니다. 다만 맑은 가을바람이 향수를 자아내고 있습니다.

여수(旅愁)

부산은 내가 70년대 후반쯤에 살기 시작해서 그 후 서너 번을 오가며 더 살아낸 곳이다. 고국에 방문하는 동안에 친구를 따라 부산에 동행하게 되었다. 아침 일찍 비행기로 김해공항에 내려서 낙동강 하구쯤 어딘가를 자동차를 몰아 부산을 향했다. 강산이 두세 번도 더 변해서인지 어디가 어딘지 알 수가 없었다. 열심히 밖의 풍경을 더듬으며, 머릿속에서는 내가 살았던 그 옛날의 추억들이 스멀스멀 기어 나오고 있었다.

'차창 밖으로 보이는 저 멀리 섬 같기도 한 벌판은 이름이 무엇이었더라?' 기억을 더듬으니 그때 젊은 내가 유치원에서 꼬마들을 돌볼 때 유치원 한 꼬마의 집이 저기 섬에 있었던 게 떠올랐다. 그때 목욕탕을 운영하는 부모님을 둔 예쁜 계집아이 손을 잡고 그 집을 가정방문 한 적이 있었지. 높은 목욕탕 굴

뚝을 이정표 삼아 갈대숲을 헤치고 갔었는데, 아! 생각난다. 그래 저곳이 '을숙도'다! 을숙도! 그 정겨운 이름, 철새의 도래지였고 갈대의 고향이었지.

추억의 그림자를 끌고 어느새 자동차는 광안리를 향해 문현동 어디쯤을 지나가고 있었다.

그전엔 없던 풍경들이 많이 생겨나고, 길도 복잡해져 있었다. 그리고는 지금은 부산의 명물이 되었다는 전에는 없던 '광안대교'를 지나갔다. 광안대교로 바다 위를 달리며 저 멀리 오륙도가 보이고 또 멀리 해운대가 눈에 들어오기 시작했다.

해운대! 이곳에서도 바닷가 해수욕장 모래 위를 많이도 걸었었는데…. 바닷가 저 위에는 달맞이동산이 있었다. 올라가보면 거기에는 칡넝쿨도 뻗어 내리고 산기슭에 가을이 오면 바다를 바라보며 지천으로 무리 지어 피던 해국도 있었다. 옆에 앉아 해국의 꽃잎 색깔 같은 보랏빛 꿈을 저 멀리 바다 위로 펼쳤었는데. 정겨운 보랏빛 해국의 환영만이 지금 저 달맞이동산에 들어찬 빌딩숲 위로 오버랩 될 뿐이었다.

송정리 바닷가 모래사장 옆에 차를 세웠다. 차에서 내려 지평선을 바라보는 친구의 뒷모습에 드리운 실루엣(silhouette)이 외로워 보인다.

저만큼 혼자서 외로이 서 있는 친구는 무슨 생각을 하고 있을까. 각자 마음속에 묻어두었던 '내 안의 나'를 만나고 있는지도 모른다. 내 안의 또 다른 나에게 귀 기울임은 진정한 나를 만날 수 있는 길일 것이다. 눈으로는 지금 생동하는 풍경을 보며 마음으로는 30여 년 전의 그 시간으로의 여행을 나는 하고 있었다.

통도사 앞마을에서 사기사발 그릇을 굽는다는 사기장을 만나는 것이 친구의 오늘 여행의 목적이었는데, 아니 그런데 어떻게 하라고 달리던 자동차의 시동이 길에서 꺼져서 다시 걸릴 생각을 하지 않는다. 그럼 통도사 앞마을 도자기 공방에는 가 보지도 못하게 생긴 것 아닌가? 실망이다!

친구는 사기장 선생을 그곳으로 오라 했다. 그리고 창을 통해 산비탈 감나무에 조랑조랑 매달린 홍시, 그리고 벼를 거둬들인 논바닥에 유유히 걷고 있는 백로를 바라보며 시골 밥상으로 점심을 먹었다. 그리고는 도자기 공방에는 가 보지도 못하고 기사가 와서 시동을 걸어놓은 자동차를 달래가며 우리는 서울로 향하고 말았다.

여행이라는 것이 원래 안정된 것이 아니고 언제 무슨 일이 일어날지도 모르는 불안의 요소는 항상 있는 것 아닌가! 서울까지 무사히 갈 수 있기를 바라며 자동차를 달래가며 조심스럽게 달리고 있을 때 친구의 핸드폰이 울렸다. 사기장 선생님의 전화인 듯했다. 아마 자동차가 말썽 없이 무사히 가고 있는지 걱정되어서였을 것이다. 통화하던 친구는 전화기를 나에게 건네주며 받아보라는 거였다. 무심히 전화기를 받아들은 나에게 저쪽에서 들려오는 소리는 느닷없는 "가에 코스모스 있지요?"라고 한다.

"예? 코스모스요? 겨울에 웬 코스모스?"

"아 예, 꼭 코스모스 같으십니다, 수녀님 모습이요."

"네? 아 네, 하하하."

"다음에 저의 도자기 공방에 꼭 한 번 또 오시소."

"네, 오늘 꼭 가보고 싶었는데…. 고맙습니다."

"그런데 그 옆에 앉아있는 친구 위해서는 기도해 주지 마이소."

"왜요?"

"혼 좀 나야 하는 친굽니다."

"하하 그러지요, 그런데 나도 한 배에 같이 타고 있으니 어쩌지요? 기도는 나를 위해서 해야 하겠습니다. 하하."

여행은 '꼭, 언제나'라고 말해도 될 만큼 마음에 새겨져 남는 그 무엇인가가 있는 것이 아닌가 싶다. 그것이 사물이든 사람이든. 오늘 이 여행도 '내 마음의 여행'이 되어 내 인생에 한 장을 장식할 것이다.

송년(送年)

올해 2010년도 어느덧 그 끝자락에 와 있다 예년대로 나는 크리스마스를 지내려 나의 모(母) 원에 왔다. 언제나 그렇듯이 연말은 크리스마스로 시작되고 며칠 후 새해맞이로 이어지는 소위 연말연시다. 크리스마스는 아이들같이 조금은 설렘도 있고 들뜬다. 거기 들뜰 아무 이유가 없는데도 말이다.

수녀원에서의 크리스마스 절기는 바쁘다 그리고 그 결과는 피곤하다. 아기예수의 탄생을 맞이하기 위해서 해야 할 일들이 많기도 하다. 아기 예수를 맞이하기 위한 건물 안팎의 여러 데커레이션이며, 일 년에 한 번씩 축하 메시지를 적어서 멀리 있는 친지들에게 보내기 위한 카드준비, 선물 포장하기, 우편물 보내기 등등.

성탄날 아침! 눈을 뜨면 창문을 열고 창밖을 내다보는 것으로 하루가 시작된다. 전형적인 영국의 안개 자욱한 아침이다. 어둑한 창밖에는 정원의 나무들이 안개를 쓰고 저기 저만치 서 있다. 어둡고 고통스러웠던, 또는 기쁘고 즐거웠고 행복했던 지난 한 해의 감동들을 뒤에 남겨두고 가려는데…. 창밖에 안개를 쓴 나무들은 마치 빗속에서 우산을 쓴 손님처럼 문밖에 서서 나를 찾아와 있는 듯하다. 그것들을 떼어놓고 갈 수 없다는 듯이….

"그래 같이 가자, 그것이 무어이든, 기쁨이든 고통이든. 어차피 인생은 주어진 길을 가는 것이니! 지난해의 슬픔도 기쁨도 모든 추억도 나와 함께 동행 하자꾸나!"

본원에 들어오면 나는 나를 돌아보며 정화시키는 월례행사를 지내게 된다. 그런데 본원에 올 때면 언제나 그렇게 느낀다.

'일생을 수녀원에서 살아왔건만 왜 이렇게도 하루의 일정표를 따라 하기가 힘겨운가? 이젠 젊음의 시간이 다 가버린 것인가? 아니면 이곳이 어쩔 수 없는 영국이라는 나라의 수녀원이어서인가? 말도 음식도 모두가 다른, 일상이 규격화된 그런 곳이어서 일거야.'라고 독백한다. 그리고 나 자신에게 타이른다. '나 자신을 위해 정화시키고 돌아보는 이런 시간들은 꼭 필요하다'고, '네가 두 발로 걷고 설 수 있는 동안은 너의 정체성을 이곳에서 너 스스로 확인할 수 있을 것이다'라고, '그러니 머무는 동안을 열심히 살아라'라고. 그리고 그건 사실이다!

이런 느낌이 드는 것은 나도 모르는 사이에 본원을 떠나 혼자 사는 것이 길들여져서일 것이었다. 기도의 의무는 편리한 시간에, 혹 먹고 싶은 게 있으면 자유롭게 만들어 먹고, 육체가 힘들면 눕고. 이런 일상들, 이는 독거 수도자라는 합리화(合理化)였다. 그러나 나는 이를 또 다른 모양의 축복이라고 생각한다. 고국을 떠나 먼 나라에 와서 사는 이방인인 내게 수녀원에서 베푸는 배려.

이제 한 해를 보내며 '그레이하운드'의 이야기를 스스로 되새겨 본다.

그레이하운드는 자동차처럼 빨리 달릴 수 있는 사랑스런 견공(犬公)이란다. 뛰는 토끼를 쫓게 하여 빨리 달릴 수 있게 훈련시킨다고 하는 견공 말이다. 그런데 어느 날부터 이 견공은 스스로 달리기를 멈추어 버렸다고 한다. 왜였을까? 자신이 토끼를 쫓는 것은 자신이 원해서 뛰는 것이 아니고 뛰게 하기 위한 가짜라는 사실을 알았기 때문이라고 한다. 그래서 달리기를 멈춘 그레이하운드!

이 견공처럼 우리도 때때로 가던 길을 멈추고 지금 내가 그레이하운드처럼 토끼를 쫓고 있다면 그건 내가 스스로 원해서인지, 그 마음이 진짜인지, 가짜인지, 생각해 보아야 한다. 그래야 후회 없는 삶, 진정 가치 있는 삶에 한 발 더 가까이 다가갈 수 있을 것이다.'라고.

고국에서 가져온 수필집을 쉬는 시간에 읽고 있다.

「그리운 것은 산 밑에 있다」라는 제목처럼 저 산 밑으로 귀농해서 들풀과 곡식을 같이 가꾼다는 저자(著者)는 말한다.

"나는 화려하고 완벽한 존재이고 싶지 않다 달개비의 흰 꽃술처럼 있는 듯 없는 듯 작은 것이 되고 싶다. 들풀과 채소들을 키워내며 작은 꽃으로 남고 싶다"라고. 아! 이 얼마나 소박하고 정겨운 꿈의 실현일까? 하고 경외심마저 든다.

며칠을 모원(母院)에서 지내는 동안 날씨는 참으로 영국다웠다.

바람 불고, 눈도 조금 오고, 안개 끼고 그런가 하면 어느새 비가 오고, 그래도 어느 날인가는 서쪽으로 가라앉는 노을이 아름다웠다. 수녀원에서 바라보는 저 언덕의 구릉 너머로 가라앉는 노을을 보고 있노라면 내 삶이 진지해진다. 이렇게 또 한 해를 보내며 바라보던 그 노을은 5일 간의 수녀원 생활의 압권이었다.

램스톤 수녀원에서의 마지막 겨울

유난히 추운 것 같던 영국의 올겨울 날들을 살짝 피해서 램스톤 본원에 방문하게 되었다. 안개 자욱한 티피컬한 영국시골의 겨울날씨는 나의 몸을 움츠러들게 하기에 충분했다. 햇볕은 볼 수 없는 음산한 날씨다.

수녀원에 오니 이사 갈 준비로 집안은 어수선했다. 아! 그러고 보니 이번 방문이 이곳 본원 램스톤 수녀원에서의 나의 마지막 겨울이 될 것이었다.

구름처럼 바람에 밀려서 이곳 영국에 온 지도 올해로 꼭 12년이 되는 해인데, 이제 그 고뇌와 애환이 서렸던 장소를 떠날 때가 온 것이다.

밖의 정든 정원에서는 언제나 날 부른다. 어서 나오라고 부르는 것 같아 정원으로 나서니 겨울 속의 수목들이 지나간 시간들을 반영하듯 연못의 수면 위에 거꾸로 그림자를 드리우고 있었다. 나는 하릴없이 여기저기 헤매며 다시는 보지 못할지도 모르는 그리고 늘 거기 있어 나를 지켜봐주던 나무들과 돌들과 그리고 연못가의 말라버린 갈대들까지도 내 마음과 눈에 담아 두려고 했다.

저 멀리 수녀원 앞 들판 목장에는 양떼와 소떼들은 늘 거기 있었고, 아침이면 동쪽으로부터 약속하지 않았어도 태양은 떠오르고, 저녁이면 저 구릉 너머로 가라앉는 노을을 보며, 세상천지에 아무도 친구라고는 없었던 이곳에서 오직 하느님만 의지하며 살아왔다. 정원과 그 너머에 목가적 풍경만이 나의 위안이었는데….

옥스퍼드(Oxford) 古서점에서 왔다는 고전적 영어 악센트를 구사하는 영국신사가 역시 그 고풍스런 옛 빅토리안 시대의 수녀원건물 안에서 왔다 갔다 하면서 바삐 움직이는 게 보였다. 그는 지금 수녀원이 이사 갈 때 처분하고 갈 古 역사 서적들을 사러온 사람이라고 한다. 수녀원의 큰 도서관 안의 책장 속에서 곰팡이 냄새를 풍기며 전통을 대변하듯이 진열되어있던 그 뜻도 모를 도서들을 말이다. 라틴어라든가 고전영어로 된 책들이 수많은 상자 속에 담겨 나가고 있었다.

아마도 몇 명 남지 않은 노 수녀님들은 이제는 고수하던 이 수녀원의 전통을 포기하려는 듯했다. 나는 왜 이 광경이 그렇게도 스산하고 쓸쓸해 보이는지 모를 일이었다. 나도 그 틈에서 바삐 읽을 만한 책 몇 권을 집어 들고 나왔다.

나의 방에 들어와 보니 구석에 놓여있던 내가 쓰던 타월 걸이에 경매로 나갈 것을 표시하는 딱지가 걸려있었다. 그러고 보니 원장과 부원장은 수녀원의 건물 여기저기에 놓인 물건들에 경매딱지를 붙이고 다니는 중이었다.

"이것은 빅토리안 시대의 탁자야. 저기 저것도…." 하면서 빅토리안 시대 것은 이제는 먼 세월의 뒤안길로 돌려보내려는 듯이 오래된 물건에 아무 애착이 없어 보였다. 옛날 것을 좋아하고 변하는 것을 원치 않는 영국문화에서 내 눈에는 이건 정말 파격적인 변화가 아닐 수 없었다. 그러나 그런 것들 말고도 옛날 물건들은 수녀원 안에 아직도 너무나 많으니까….

어찌되었든지 그 긴 두 세기 동안 그 무거운 전통을 짊어지고 살아남은 몇 명의 수녀님들은 그 고단한 노구를 이끌고 마지막이 될지도 모르는 수도생활을 정리하는 모습이 눈물이 날 정도로 안쓰러워 보였다. 이 변화무쌍한 시대에 과연 수도생활이 계속 존재하기는 어려울 듯이 보이는 것이었다. 이는 하느님만이 아시지 그 누가 알 수 있겠는가.

대머리가 빛을 발하는 피터버러라는 좀 먼 곳에서 오신 신부님은 수녀원의 채플린 중 한 분이다. 오늘 수녀원에 미사 드리러 오셨다가 이삿짐 꾸리는데 흥미를 가지고 참견하셨다. 이분은 언제 적에는 내가 수를 놓은 자색 영대를 입으시고 황홀해 하셨다. 그렇게 아름다운 영대를 처음 입어보셨다면서 마치 자기가 왕실에서 입는 옷을 입은 것 같다면서 즐거워하시던 분이셨다. 마침 제의를 만드는 자료들을 끄집어 내어놓고, "한나수녀 이 중에서 가져갈 것 있으면 가져가라"고 원장님이 말씀하셨다. 나는 정말이지 이제는 할 수만 있다면 '무소유자'가 되고 싶었다. 그런데 이 대머리신부님께서 그 어수선한 옛날 물건들을 보물이라도 발견하신 듯 자기가 다 사가겠다고 하시는 것이었다. 이런 것을 '일석이조' 뭐 '누이 좋고 매부 좋고'라고 하던가? 나는 '적합한 사람에게 물건이 쓰이겠구나!' 하면서 속으로 참 잘되었다고 생각했다.

떠난다는 것은 누구에게나 또는 어디를 막론하고 쓸쓸하고 서글픈 일이다. 마음속에 쌓여있던 살아온 날들의 흔적들을 드러내놓아야 하는 것이고 그리고 또 무엇인가 다시 채워 넣어야 하는 이 숙명적인 삶을 순리로 받아들여야 하지 않겠는가?

저 멀리 구릉 너머로 붉은 노을을 남기면서 저녁의 어둠이 깔리고 있다. 정원에선 새들도 깃들일 곳을 찾느라 분주히 지저귀는 소리가 들리고, 나도 내일을 기대하며 쉬어야 할 것이다.

5.

왕의 나라 기행

시간은, 기다리는 사람에겐 너무 느리고
두려움에는 순식간이며
슬퍼하는 자 에게는 너무 길고
기뻐하는 자 에게는 너무 짧다.
그러나 사랑하는 사람에겐 시간은 영원한 것!

- 「자연 속의 은둔자들」 중에서 -

왕의 나라 영국

햇살은 모두 미루나무 잎 위에 살짝 내려앉아 있다.

나뭇가지들 사이로는 강바람이 불고, 그 음률에 맞추어 댄스하는 윤기 흐르는 연둣빛 새순들, 노란 햇살과 어울려 잘도 돌아간다!

차창 너머 나무들 사이로 투명한 강이 흐르고, 얼마를 달려왔을까. 기차를 타고 4월의 나그네. 저만치 강 건너 왕의 나라가 보인다.

강물처럼 흘러온 현재의 시간을 역류하여 신기한 나라 타임캡슐 속 같은 태곳적 왕의 나라를 향하여 데임즈 강둑 길 따라 걸으며 시간여행을 하는 나그네는 머리 위에 내려앉는 영롱한 4월의 햇살을 즐기며 걷는다.

나 스스로 나그네 되어 영국에서 가장 유명한 왕 헨리8세가 살았었다는 궁전 햄프톤 코트(Hampton Court)를 찾아 길을 나섰다. 4월의 봄바람에 마음을 싣고, 달려오며 보이는 풍경을 노래하면서…. 템스 강은 정말이지 런던의 젖줄이란 생각이 들었다. 햄프톤 코트는 템즈 강가에 위치하고 있었다.

영국을 관광하다 보면 헨리8세 왕의 족적이 많이 기록되어 있다. 특히 기독교 국가인 유럽 국가들 중 한 나라인 영국은 그에 의해서 엉망이 되었다고 보는 사람이 많다. 그러나 영국 역사는 있었던 그대로의 그를 전해주면서 그의 빛과 그늘을 솔직하게 기록해 놓았다.

궁궐을 돌아보니 프랑스의 베르사유 궁전을 필적할만한 크고 넓은 규모였다. 프랑스와 숙적 관계에 있던 영국이 건축물에서도 서로 경쟁을 했을까?

다른 영국의 건축물들처럼 그곳도 어딘가 어둡고 음습한 느낌이 들었다. 그리고 영국의 전통인 검소함도 같이 느껴졌다. 이 저택은 그 시절 유럽을 정치적으로 뒤흔들던 로마 교황청 아래서 영국에서 종교적으로 파워를 휘두르던 '울지 추기경'의 궁전이었다고 한다.

그 시절 헨리8세가 정치적으로 로마 교황청에 반기를 들었다. 성공회를 영국국교로 선포하고 로마 교황청에 대항한 것이었다. 그때 울지가 약삭빠르게 이 궁전을 헨리8세에게 바쳤다고 한다. 그러나 온 영국에 있는 교회 건물들이 헨리8세 왕에 의해서 몰수당했듯이 이 궁전도 완전 몰수했다고 한다. 그 후

인위적으로 만들었는지 정원을 가로질
러 흐르는 운하는 그 끝이 보이질 않았다.
잘 다듬어진 정원에는 이름도 모를 가지
가지 꽃들이 4월의 태양 아래서 환호
하고 있는 듯, 4월은 찬란했다.
—<왕의 나라 영국>

여러 차례 보수하여 지금 보이는 건물은 붉은 벽돌이 특징인 튜더양식과 흰색의 바로크 양식이 섞여있는 궁궐이 되었다고 한다.

나그네는 궁궐 안으로 들어가서 그 시대 왕가의 생활을 보여주는 내부를 둘러본다. 그렇게 어마어마하게 큰 궁궐이면 무엇하랴! 인간의 작은 몸을 누일 침대는 너무 작다는 생각이 들고, 헨리8세 왕의 딸 엘리자베스1세 여왕이 사용했다던 개인기도 공간(Queen's Private Oratory)은 너무나 소박했다. 사실 영국 국교로서의 성공회의 기반을 놓으신 왕은 엘리자베스 1세이었다고 역사는 말한다. 그런데 저렇게 작은 기도실에서 기도하시며 그렇게 지혜롭고, 강인한 영성을 다지고 종교분쟁을 잠재웠다니 존경스럽다! 작은 기도상 하나 놓인 방은 학구적인 느낌이었다.

궁궐 회랑의 벽에는 헨리8세 왕의 크나큰 가족 초상화가 걸려있었다. 역사가 말해주는 6명이나 되었다는 왕비들은 이미 다 처형되었거나 죽었을 것이었다. 그런데 오직 왕자를 낳아주었다는 제인 시무어 왕비만이 왕의 왼쪽에 멀찌감치 서 있는, 그리고 세 자녀를 왕의 양옆에 세운 초상화였다. 왕권을 자식에게 계승하고 싶은 왕의 심리가 내포된 가족 초상화였다.

어렸을 적에는 총명하고 운동도 잘하는 호남인 헨리8세였다고 가정사에도 나오는데 그리도 예민하고 의심 많고 신경질적이고 과시하기 좋아하는 사람으로 변한 헨리 왕을 어떻게 이해

할까? 전력의 파워를 가졌으나 안정적으로 마음을 둘 데가 없는 왕! 그의 삶은 측은한 연민의 마음이 간다. 여러 번 결혼했지만 진정한 아내의 사랑을 주고받지 못한 삶이 안타깝고 이런 것을 왕좌의 저주라고나 할는지….

그래도 복잡한 유럽의 정세 속에서 영국을 잘 지켜냈고 영국 해군을 제대로 정비해서 전쟁에서 연이어 승리한 훌륭한 왕으로 영국에서는 평가받고 있는 듯했다.

자연미를 살리지 않은 기하학적이고 고전주의적인 정원은 나그네가 보았던 프랑스의 베르사유 궁전과 비슷했다. 아마 건축물에서도 프랑스와 맞서고 싶었던 욕망의 산물들이 아닐까? 인위적으로 만들었는지 정원을 가로질러 흐르는 운하는 그 끝이 보이질 않았다. 잘 다듬어진 정원에는 이름도 모를 가지가지 꽃들이 4월의 태양 아래서 환호하고 있는 듯, 4월은 찬란했다.

궁궐을 나와 기차역으로 돌아가는 다리를 건너는 나그네. 아마도 16세기 헨리8세 왕의 시절에 템스 강도 지금 이 풍경과 다르지 않았을 것이다. 햇볕 아래 반짝이는 강물만이 유유히 흐르고 있었다. 나그네는 강변을 바라보고 강가를 걷는 여행자가 될 수 있어 행복했다. 데임즈 강변의 아름다운 풍경을 누리며 산책하는 나그네, '이런 삶이 왕보다 더 행복할 것 아닌가?'라는 생각을 하며.

지금도 왕이 군림하는 왕의 나라인 이 영국은 지난 시간의 역사와 전통을 있는 그대로 간직하고 존중하는 자존심이 강인

한 왕권의 나라이다. 그러나 봄볕이 찬란한 4월의 하늘 아래서 나그네는 생각한다. '자연을 다스리는 분이 진정한 절대적 왕이다'라고. 그리고 결국은 역사 속의 왕과 왕국을 택하여 왕권을 주시고 다스리는 분도 그 절대 신이라고.

목이 마른 터였다. 강가에 서 있는 아이스크림 밴에서 고깔 아이스크림을 하나 사들고 먹으며 기차역에 왔다. 그런데 기차는 한없이 연착된다는 방송이 나온다. 이 기차가 지나갈 선로에 사람 하나가 뛰어들었기 때문이란다.

이 찬란한 봄날에 그 사람은 왜 죽을 마음을 먹었을까. 봄바람 때문일까? 아니면 햇빛 때문일까?

신은 자연의 질서 속에서도 부조리를 가라지처럼 늘 함께 자라게 하는 듯하다. 역사 속 왕권의 부조리, 자연 질서를 파괴하는 부조리를.

템스 강은 흐른다

'템즈 강'은 런던의 젖줄이지요. 많은 역사와 그와 연결된 사연들을 흘려보내기도 하고 또 아직도 품고 흘러가고 있습니다. 그 품고 있는 것들 중 오래된 것과 새로운 것이 늘 공존하고 있는 템스 강은 영국을 방문하는 여행객들의 사랑을 받고 있습니다. 파리의 세느강을 가봤을 때도 그런 생각을 했어요. 세느강을 유람하며 「미라보 다리」라는 시를 떠올리듯이. 특히 강은 예술가들의 사랑을 받고 그들은 강으로 찾아가서 그들의 영감과 시상을 떠올리는가 봅니다.

템스 강이 품고 있는 것들은 너무나 많지요. 영국의 국회의사당을 비롯해서 런던아이, 런던타워, 그리고 그 많은 다리들도 제각기 다른 사연을 간직하고 있는 것 같습니다. 그중에 테이트 모던(Tate Modern) 하고 테이트 브리튼(Tate Britain) 두 개의 미술관도 템스 강의 품에 안겨 있습니다. 관광객들은 국회의 빅벤이 있는 곳의 웨스트민스터 다리를 중심으로 테이트 모던 미술관이 있는 쪽으로 쏠립니다. 그쪽으로 볼거리가 집중되어 있거든요. 그래서 나도 진작에 '테이트 모던' 미술관은 가봤지요.

오늘은 데이트 모던 미술관이 있는 반대쪽으로 사람들의 아니 관광객들의 발길이 별로 가지 않는 '데이트 브리튼' 미술관과 '람베스 팔라스(Lambeth Palace)'를 가보리라 마음먹고 일찌감치 집을 나섰습니다. 데이트 모던과 데이트 브리튼이 뭐가 다른 것인지 늘 궁금했어요. 해가 구름에서 반쯤 나와 있는 그림의 영국 BBC 사이트의 일기예보를 보고 '아! 오늘은 날씨가 괜찮겠구나!' 하고 나섰던 것인데 비가 뿌리기 시작했죠. 영국은 하루에 사계절이 다 있는 곳이니까 놀랄 것도 없죠. 이 정도는 이젠 익숙해져 있으니까요.

'핌리코'라는 튜브 스테이션에서 내려서 걸어서 한 10분쯤 가니까 데이트 브리튼 갤러리가 나오고 맞은편에는 역시 런던대학의 첼시 아트+디자인 스쿨이 자리 잡고 있더군요. 미술관 안에는 늘 무엇인가 전시회가 있는 듯했고 많은 학생들이 이곳으로 실기 공부를 하러 오는 듯이 보였어요. 아트 스쿨이 미술관 옆에 있다는 것이 뭔가 합리성을 보여주는 듯하지 않나요?

테이트 브리튼 미술관에 대해서 글을 미리 읽고 이해한 것은, '헨리 테이트'라는 부호가 소장 미술품들과 많은 돈을 내놓고 나라에서는 그 대신 많은 땅을 그에게 주고 미술관은 그의 이름을 붙였다는 거지요. 멋지잖아요? 어떻게 하면 그렇게 할 수 있을까 하는 생각을 하면서 안으로 감상하러 들어갔습니다.

테이트 브리튼 미술관도 역시 현대 미술이지만 18세기 이후의 것을 현대미술로 간주하는 것 같았습니다! 그리고 주로 영국출신 미술가들의 작품을 전시한다고 해요.

미술관에는 작품 앞에 앉거나 서서 실기를 하는 미술학도들이 많이 보였지요. 어린 소녀들에서 대학생인 듯 보이는 많은 학생들, 저들의 활기 넘치는 폼이 싱그럽기까지 합니다. 이방저방 감상하며 다니는데 어! 이건 무슨 음악이 어디선가 들려오는 듯싶었는데 그것은 귀에 익숙한 교회의 그레고리안 찬트였습니다. 미술관에서 교회음악이라니? 이상하다 싶어 그곳으로 발길을 옮겼지요.

아! 전시실을 들여다보는 순간 이건 정말 내 마음을 울리는 감동 그 자체였지요. 마치 내가 어떤 공항에 누군가를 마중 나가 기다리는 듯했어요. 아니 그냥 그 속에 빨려 들어가 문을 통해 나오는 사람들을 내가 기다리고 있었다고 해야 맞을 것 같네요. 그러니까 이걸 미술작품이라고 해야 하는 건지 아니면 어떤 장르에 속할까 생각하며 감상했는데요, 작품의 제목이 스크린 위에 써져 있네요. 스크린에는 문이 있고 그 위에 국제선도착(International Arrival)이라고 씌어져 있는데 말 그대로 공항에 비행기를 타고 어디로부터인가 와서 막 랜딩 한 사람들이 자동문을 통해서 속속 들어오고 있어요. 그런데 슬로우 모션으로 보여주는 그 각양각색의 들어오는 사람들의 표정과 모션에서 이 세상 인간사의 희로애락(喜·怒·愛·樂)을 다 읽어낼 수 있는 것이었어요. 반가워서 들어오는 사람과 마중 나간 사람이 포옹하며 인사 나누는 이들, 피곤에 지쳐 하품하며 들어오는 사람, 누군가를 두리번거리며 초조한 얼굴로 찾는 사람, 무거운 가방을 끌고 바삐 군중 속을 빠져 나가는 사람 사람들. 좀 엄숙하고도 슬픈 성가 곡이 들려오는 가운데 보이는 저 사람들 속에서 나를 보는 듯했습니다. 인생의 무거운 짐 가방을 지고 끌고 인생여정은 계속될 거 같아 연민의 정으로 내 마음이 감동되었던 것 같습니다. 이 작품은 분명 현대의 디지털 기술로서 구세대의 마음도 감동시킨 오늘의 하이라이트였습니다.

마침 수채화 전시회도 하고 있어서 영국의 선남선녀 미술가들 사이에 끼어서 기웃거리며 수채와 붓을 이곳에 온 기념으로 몇 개 사들고 테이트 브리튼 방문을 마감했습니다.

밖으로 나오니 해님이 구름 속에서 나올까 말까하고 망설이고 있습니다. 그래도 비는 그쳤습니다. 템스 강물이 햇볕 아래 반짝이며 잔잔히 흐르고 있네요. '복스홀 브리지(Vauxhall Bridge)'라는 다리를 건너서 반대편 강가를 따라 걸어보았습니다. 람베스 팔라스를 가볼 거예요. 이곳은 아시다시피 영국성공회의 아니 세계 성공회의 수장 캔터버리 대주교께서 사는 집인데 와보니 바로 국회의사당 맞은편이네요. 그만큼 영국정치사에 성공회가 깊숙이 관여해 있기 때문에 지리적으로도 이렇게 가까이 있는 걸까요? 국회의사당과 주교관저가 말입니다. 그런데 이곳은 개방하지를 않는군요. 그리고 말이 궁전이지 아주 검소한 빌딩으로 보였어요. 옆에 교회는 개방하기에 들어가 보았는데 교회는 가든 박물관이 되어있고 숍과 카페로 개조되어있었지요. 이를 보고 씁쓸한 기분이었지요. 주교관저는 도서관이라고 안내에 씌어있네요.

걷고 또 걸어서 런던아이가 보이는 곳에 다시 왔습니다. 그리고 바로 여기가 토머스 병원(St. Thomas Hospital)이군요. 정원에는 분수가 있고 사람들은 햇볕을 쬐며 점심을 즐기고 있습니다. 이 병원은 알다시피 맞은편에 국회의사당과 웨스트민스터 궁전이 있는데 평민은 강북에서 죽을 수가 없어서 죽으면 다 강남 쪽 토머스 병원에서 죽은 것으로 처리가 되었다네요. 평민은 동서양을 할 것 없이 설움도 가지가지였던 것 같습니다.

걷다가 급한 볼일을 봐야 할 일이 생겼는데 길거리에선 그런 곳을 찾을 수가 없잖아요. 그래서 병원 안으로 들어가 복도를 돌고 돌아 볼일을 보고 나왔습니다. 병원의 직원은 내가 환자인 줄 알았을까요? 문까지 열어주며 친절하더군요, 이렇게 친절한 사람을 만나면 하루를 잘 살았나 보다 하는 생각이 드는 건 어쩐 일일까요? 친절은 상대적이라 나의 마음도 누군가에게 친절을 베풀고 싶어지게 만드는 것 같습니다.

이제 웨스트민스터 다리를 건너 집으로 향합니다. 다리 아래로는 다리 위에 북적이는 혼잡함을 모르는 듯 무심한 강물만이 흘러갑니다. 흘러가는 강물을 바라보면 누구나 한 번쯤 낭만적인 감정에 젖어 들지 않을까요? 강가에 서면, 도심 속의 차디찬 질서 이전의 훈훈한 인정이 강물 위로 흐르는 듯하지 않나요? 무언가 템스 강을 노래한 시라도 한편 머릿속에 떠올려보고 싶은데 선뜻 생각나는 게 없네요. 파리의 세느 강을 유람할 때 떠오른 시만 입가에 맴돌고 있습니다.

미라보 다리
- 기욤 아폴리네르 -
미라보 다리 아래 센 강은 흐르고
우리의 사랑도 흘러간다
사랑의 回想으로 마음 깊이 새기리
괴로움 뒤에는 기쁨이 오는 것을
밤이여 오라 종아 울려라
세월은 가고 나는 나는 머무네.

밤하늘의 꿈꾸는 도시

그린윗치(Greenwich)!

이름만 들어도 정다운 이곳은 런던에서도 천문대가 있고, 해양대학도 그리고 해양박물관도 있는 곳이라고 한다. 우주에 펼쳐진 밤하늘의 꿈꾸는 도시일 것이라는 막연한 기대가 있었다.

오늘 나에게 방문하겠다던 이가 갑자기 못 오겠다고 해서 바람을 맞은 터라 런던에서 수상한 나그네인 나는 또 역마살이 발동했다. 부랴부랴 '그린윗치'를 향해서 길을 나섰다.

날씨도 마침 엊저녁에 비온 후 아침에 갠 터라 파란 하늘이 나에게 집을 나서라고 손짓하고 있는 듯하였다.

천문대 하면 초등학교 때이던가 단체로 어딘가에 가서 보았던 그 환상적인 까만 밤하늘, 우주에서 천천히 방향을 알리며 돌아가면서 반짝이던 크고 작은 별자리들을 기억한다. 또한 은

하수는 얼마나 아름답던가! 빨리 그 꿈의 도시에 가서 추억의 꿈속에 잠겨보고 싶은 거였다.

그린윗치는 나의 처소에서 꽤 먼 곳이었다.

우선 그곳에 가려면 튜브나 버스로만은 되지 않고, 템스 강을 따라 뱃길로 갈 수도 있고 기차로 또는 이곳에만 있는 듯한 도크랜드 라이트 레일웨이(DLR,Docklands Light Railway)라는 것을 이용한다고 한다. '밴크' 역이라는 곳까지 튜브로 가서 거기서 이것 DLR를 갈아타고 동화나라일 것 같은 곳을 향해 여행을 해보기로 했다.

도크랜드 라이트 레일은 카나리워프(Canary Wharf)라는 곳을 거쳐서 가고 있었다. 카나리워프는 근래에 개발된 '미래형 도시'라고 한다. 뉴요크 '맨해튼'을 본떠서 건설한 도시라는데 주로 하늘을 찌를 듯한 높은 빌딩들은 '금융가'인지, 은행들의 로고가 빌딩 벽에 새겨져 있었다. 그리고 이곳은 데임스 강의 샛강들을 여기저기 사이에 두고 섬 위에 지어진 듯했다. 도크랜드 라이트 레일이 빌딩들 사이사이를 헤집고 공중에 다리처럼 놓은 철로를 따라 운행하고 있었다. 밖을 내다보며 천천히 달리는 가차 안에서 정말 동화 나라에라도 온 느낌이었다.

영국의 해군대학이 이곳에 있었다. 대학 건물은 고풍스러워서 유네스코에 등록되어 있는 건물이라고 한다. 대학을 둘러보니 교실이나 공부를 하는 분위기보다는 오직 하느님이 군림하고 있는 듯한 웅장하고 엄숙한 교내 채플이 인상적이었다. 역시 우주와 바다의 모든 세계도 하느님의 손 안에 있다는 그런 교육을 시키는 곳, 하나님을 경외하는 교육의 장이라 그런 가 보다 생각했다. 교내 채플에서는 음악과 학생들의 프레젠테션인 듯한 소프라노 성악곡이 울려 퍼지고 있었다. 해군대학에 음악대학도 있는 거였다!

건물을 둘러보고 나와서 '천문대'로 향했다. 산이 없는 평평한 지형인 이곳 런던에 그래도 좀 높은 강가의 언덕쯤에 자리잡고 있는 천문대로 오르는 길은 어느새 단풍으로 물들기 시작했다. 천문대는 숲 속에서 템스 강을 내려다보고 있었다. 해시계라든가 자오선 등과 같은 천문대에서 볼 수 있는 것들을 관람했다. 자오선은 이 지구상의 시간이 이 선에서 시작된다고 하니 신기했다. 그것이 영국이라는 나라에 있다는 것도. 밤하늘은 내가 어렸을 때 보았던 밤하늘은 아니었다. 빨리빨리 스크린 위에서 정신없이 돌아가는 영상만이 변화한 현대를 대변해 주고 있는 듯했다.

내려오는 길에 해양박물관(Maritime Museum)에 들렀다.

세계를 제패한 영국 해군의 여러 역사들을 보고 느끼고 배울 수 있도록 잘 전시되어 있는 또 다른 신기한 세상이었다. 특히 인상적이었던 것은 '배, 이것은 영국이 만든 것이다'라고 쓰인 고압적인 문구가 영국의 도도함을 말해주는 듯했다. '넬슨제독'의 동상이라든가 해상을 제패한 영국의 해군 역사가 많은 부분을 차지하고 있는 뮤지엄은 해양을 배우려는 어린이들로 북적이고 있었다.

와! 오늘도 너무 욕심을 낸 관광이었다 하루에는 다 볼 수가 없는 양이었는데 그것도 한나절에 빨리 돌아치고 집으로 향하는 몸은 물에 젖은 솜 같았다. 그곳에는 아직도 볼 게 남아있다. 재래시장이라든가, 템스 강 해저터널을 걸어서 건너는 경험은 언제가 될지는 모르지만 다음을 기약하면서….

7시까지는 집에 있어야 했다. 여행거리만 2시간이 걸리니 서둘러야 했다. 나의 영성 상담자와 저녁에 전화로 상담하기로 예약이 되어있었기에 약속을 철저히 지키는 영국문화에 아직도 나는 나를 길들여야 했다.

나의 영성 지도사제는 여 사제이다.

나의 먼저 살던 곳의 한 교회의 비카이었던 그녀는 나에게 참 잘했다. 친구같이… 상담이래야 그저 사는 얘기, '오늘은 어땠느냐' 같은 일상의 이야기로 시작하지 않는가?

"오늘은 그린윗치에 혼자 여행하고 둘러보고 왔지요" 했더니, "뭐라고? 지금까지 나는 일생을 영국에 살아왔지만 거기 가본 적이 없는데, 너는 훌륭한 여행가이구나!(What?! Even I have been living in England all my life, I never been there! What a wonderful traveler you are!)"라고 한다.

자연 속의 은둔자들

중국의 작가 챵 리(Chiang Yee)의 「런던의 침묵하는 여행자?(The Silent Traveler in London)」라는 아주 오래된 책을 읽었다. 수도원 도서관에서 우연히 발견하게 된 이 책은 동양인이 영국에 살면서 쓴 글이라 호기심이 생겼다. 나도 그가 살았던 런던에 살고 있는 터라 그의 발자취를 따라가 보기로 마음을 정했다

"자 오늘은 헴스테드 히스 공원으로 가 보자." 하며 집에서 좀 떨어진 곳인 그곳을 향해 나섰다. 이곳은 작가가 제일 사랑한 장소며 자주 갔던 곳이라고 했다. 런던이 훤히 내려다보인다는 런던 북쪽에 있는 어마어마하게 넓은 공원이다. 작가가 입이 마르도록 찬양한 이 지역은 '런던의 버벨리 힐스'라고 한단다. 부자들이 많이 산다고!

등에 짊어지는 가방에 점심 도시락과 물병 그리고 두어 알의 사과를 넣고 우산을 챙겼다. 그리고 지도를 손에 들고 모자를 눌러쓰고 집을 나선다! 나 자신이 젊은이도 아니면서 이런 모양이 좀 쑥스럽지만 '뭐 내 나이가 어때서! 나 자신이 나 자신을 감동 시켜봐!'라고 중얼거리면서.

시간은 기다리는 사람에겐 너무 느리고
두려움에는 순식간이며
슬퍼하는 자 에게는 너무 길고
기뻐하는 자 에게는 너무 짧다.
그러나 사랑하는 사람에겐 시간은 영원한 것!

작가 '챵 리'는 위의 시를 그의 책 속에 인용하면서 '자신은 제일 마지막 소절에 속한 사람이 아닐까한다'고 말한다. 그리고 자신의 책은 런던에서 이곳저곳을 침묵 속에 홀로 여행하면서 자신이 자신을 향해 말한 것의 기록이라고….

"아! 그래서 책의 제목이 그랬었구나!(The Silents Traveler in London)"

공원은 지형이 좀 높은 헴스테드라는 곳인데 히스라는 키 작은 관목이 많아 히스를 헴스테드에 덧붙여 공원의 이름이 되었다고 한다.

튜브를 두어 번 갈아타고 역에 내리니 공사가 벌어진 길에서 방향을 찾기가 쉽지 않았다. 지도를 들고 두리번거리고 있으니 초로의 영국신사가 다가와서 친절히 가르쳐 준다. 거기 가면 런던 시내를 다 내려다 볼 수 있다는 말도 덧붙인다.

걸어서 언덕을 올라 공원으로 들어서니 한산하고 적막했다. 런던의 스카이라인이 멀리 좀 보이긴 했지만 여름의 신록과 너무 커버린 듯한 나무들이 시야를 가려 신사의 말처럼 잘 보이진 않았다. '겨울에 오는 게 낫겠군.'

독백하며 앉아 쉬어갈 장소를 찾았다. '이곳에서 새들에게 모이를 주어 먹이던 누구, 누구를 기념하여 이 벤치를 여기 놓았다'라는 문구가 적힌 벤치 위에 자리를 잡았다. 이런 벤치들은 공원 안에 여기저기 많이 놓여 있었다. 그곳엔 정말 고요의 적막밖에는 아무도 없었다. 가끔 벌과 나비들이 날아들고 각종 새들이 날아들어 친구가 되어 주었다.

이곳에 앉아 점심을 먹으면서 '이 벤치의 주인은 이곳에 앉아 무슨 생각을 했을까?' 유추해 본다. 이 이방인의 눈에는 영국 사람들의 생활 패턴이란 것이 그저 무료하고 지루하고 느릴 뿐인 것같이 비추어지는데… 아마도 그것은 자연과 친화하는 정적인 침묵의 무게였을 것 같다는 생각을 했다.

영국의 낭만파 시인 존 키츠(John Keats)가 이곳 근처 어딘가 살았다는데 이 공원에서 거닐며 시를 썼을까?

공원이 너무 넓어 입구로 다시 나와서 버스를 타고 '존 키츠'의 집으로 향했다. 거기엔 조그만 저택에 '존 키츠가 이 집에서 세들어 살았었다'고 쓰여 있었다. 학교의 학생들인 것 같이 보이는 젊은이들이 견학을 왔는지 마당의 뽕나무 옆 잔디에 앉아 아마도 키츠에 대한 문학 공부라도 하고 있는 듯했다.

나는 이 시인의 이름이 익숙지 않아 그의 시를 찾아보았다.

빛나는 별이여
나 또한 그대처럼 한결같이
존재하길 원합니다
높다란 밤하늘에 앉은 그대처럼
외로이 빛을 발하며
잠도 잊고 정진하는 자연계의 은둔자 되어…
…중략…

- 존 키츠의 「빛나는 별이여」 중에서 -

아마도 그가 이 히스 언덕에서 자연 속에 은둔자 되어 밤하늘의 별을 보며 이런 낭만적인 시를 적어 내려가지 않았을까? 하고 생각해 본다.

어느새 늦은 오후, 공원은 너무 넓어 오늘 다 둘러볼 수가 없었다. 다음에 또 올 것을 기약하고 서둘러 집에 오니 빨간 꽈리가 웃으며 삽짝 같은 나의 집 문 안에서 나를 반겨준다.

"네가 붉은 얼굴 수줍게 숨기고 있는걸 보니 가을이 오고 있나 보다!"

런던의 강남 서더크(Southwark)

'죽느냐 사느냐 이것이 문제로다'라는 셰익스피어의 작품 속 '햄릿'의 고뇌에 찬 절규는 이 세상 사람 모르는 이가 없을 정도로 유명한 말이다. 하지만 아마도 지금은 식상한 속어쯤으로 전락했는지도 모르겠다.

그 옛날 나의 10대 후반쯤에 읽었던 셰익스피어(Shakespeare)의 문학전집 중에서 4대 비극이라고 하는 이야기들을 읽으며 알지도 못했던 먼 나라 이야기가 신기하였다. 죽이기도 잘하고 미치기도 잘하는 그 주인공들이 잔인하다는 생각을 했었다. 이는 어쩌면 우리 자신들이 살아가며 심층 깊은 곳의 고뇌와 야망, 질투, 그리고 어리석음까지도 고스란히 다 표현한 걸작이라는 생각도 했었다. 그리고 이이야기들은 머릿속에서 지워지지 않고 꽤 오랫동안 남아있어 그래서 아마도 이런 것을 '고전'

이라고 하나보다 하는 생각도 했었다. 셰익스피어의 그 표현들, 달콤한 말 속에 독기가 숨어있다던가. 또는 평범한 말 속에 숨은 뜨거운 사랑을 알아차리지 못하는 어리석음이 불러오는 비극의 주인공들이 안타까웠다.

셰익스피어의 원형극장이 있다는 셔더크(Southwark)를 가보기로 마음먹는다. 혹시나 시간이 맞아떨어지면 셰익스피어 연극도 한 편 구경하고 싶어서 발걸음을 재촉했다. 이 극장은 마당에 서서 공연을 보며 밤하늘의 별이 조명을 대신하고 셰익스피어 시대의 연극을 보는 것처럼 그때 분위기를 그대로 재현하는 극장이라는 거였다.

'셔더크'는 런던의 중심 '시티'에서의 템스 강 건너편에 있다. 극장은 셰익스피어 시대, 즉 중세의 종교적 성실한 삶과는 거리가 멀다는 이유로 시티에서는 건축이 금지되어서, 이곳에서 밀려난 연극인들이 강 건너로 가서 극장을 세웠고, 그래서 셰익스피어도 이곳으로 갔다는 거였다. '서더크'는 말하자면 유흥과 오락이 넘치는, 경건함과는 상반되는 그런 곳이었을까?

런던브릿지 역에 내려서 바로 길 모롱이를 돌아 거기 있는 서더크 대성당(Southwark Cathedral)에 먼저 들렀다. 극장으로 가는 길목에 대성당이 있었던 것이다.

런던은 성공회 교구가 둘인데 템스 강 북쪽은 런던교구로 세인트 폴 대성당이 있고, 그 강남쪽에는 서더크 교구로 이곳이 교구의 대성당인 것이다.

성당에 들어서니 으레 고딕양식의 성당에 방문할 때면 그 아리송한 라틴어 문구로 새겨 넣은 중세의 유물들과 마주하게 된다. 중세에는 교회에서 쓰는 용어를 처치 라틴(Church Latin)어라 해서 이를 천상의 언어(Heavenly language)라고 했다던가! 이탈리아어도 영어도 아닌 통상적으로 쓰는 지금의 라틴어와도 다른 사전에 찾아도 없는 것이 태반인 그런 라틴어 말이다. 그러니 아마도 천상의 언어란, 특정계급의 귀족들에게나 또는 교회의 고위성직자들에게나 통용되던 서민의 언어는 아니었던 것 같다.

이 대성당은 정식 명칭이 '세인트 세비어 앤드 세인트 메리 오베리'라는 긴 이름을 가지고 있는 대성당인데 '오베리'라는 예쁜 이름은 '강 저쪽(Over the River)'의 줄인 말이었을까? 그리고 세인트 메리는 강을 건너와서 오베리 부두에 정박하는 상선들에게서 기부금을 받던 강나루 주인의 딸이란다. 후에 수녀원을 건축하는데 믿음으로 많은 재산의 기부를 바쳐서 훌륭한 일을 했다는 전설이 적힌 패널이 대성당 옆 강나루에 걸려있었다. 그래서 '메리 오베리'는 이 대성당의 수호성인이 되지 않았을까 싶다.

대성당을 돌아보고 길 모롱이를 돌아 이 오베리 부두에 정박한 중세의 범선을 구경하고 셰익스피어의 극장으로 향했다. 가는 길목에는 1615년에 지었다는 400년 정도나 된 '펍'이 인상적이다. 아마도 중세의 연극인 아니면 상선을 타고 드나들던 선원들이라도 이 '펍'에 들러서 술잔들을 기울였을까? 그런 생각을 하며 어두컴컴한 '펍' 안을 기웃거리며 걸었다.

시티에서 금지된 잡동사니는 모두 집결된 듯, 지나는 길목에 '클링크 감옥'이었다는 감옥 박물관도 있었다. 감옥의 안내표지 문구가 재미있다는 생각을 하며 걷고 있는데, 해골을 그린 큰 그림을 걸어놓은 감옥입구의 저편, 안쪽의 어둠 속에서는 뜻밖에도 심금을 울리는 거룩한 교회의 그레고리안 聖 음악이 흘러나온다. 아마도 지나는 관광객들에게 죄를 범하지 말라고 경각심을 일깨우기라도 하려는가 보다. 현대의 개발과 중세의 잔상이 엉클어진 좁은 골목들은 마치 내가 중세를 거닐고 있다는 착각마저 들게 하였다.

'셰익스피어 원형극장(Shakespeare Globe Theatre)'은 개발된 현대식 빌딩숲 속에 끼어서 중세의 극장건물이라는 실감은 나지 않았다. 이는 지붕이 없는 3층인가 되는 높은 집 발코니 외에는 마당에 서서 비가 와도 비를 맞으며 연극을 보는 구조라고 하였다.

박스오피스로 가서 오늘 공연이 무엇인지 물어보니 가는 날이 장날이라고 하루 한 번 하는 공연이 오늘은 셰익스피어 연극이 아니고 현대극이라는 거였다. 현대연극을 볼만한 사전 지식도 없는 터라 '공연시간도 7시 30분 시작이라니 너무 늦군!' 하는 핑계를 속으로 갖다 대며 아쉽지만 그냥 발길을 돌리는 수밖에 없었다.

모든 예약이라든가 사전 준비는 온라인으로 하라는 안내서를 들고 발길을 돌리면서 '역시 나는 온라인 쓰는데 자유롭지 못한 사람이니까 이쯤 헛수고는 감수해야 할 것 아닌가?'라고 스스로에게 말하며 그래도 내가 사는 곳 가깝고도 먼 곳으로부터 오늘 이곳에 찾아와 중세의 타임캡슐 속을 거닐듯이 즐거운 시간을 보냈다. 건강을 위한 걷기운동을 템스 강을 따라 잘했으니 그런 나 스스로에게 박수를 보내야겠다.

로열 보타닉 가든

-'큐' 왕립 식물원에서

사람은 감동을 받을 때 마음이 움직이고 그래서 마음에 따라 태도가 변하겠지요. 그러니 감동은 마음과 마음을 연결하는 것이겠지요. 누군가를 감동시킨다는 것, 그래서 누군가를 변화시킨다는 것은 참으로 가슴 훈훈한 거죠.

참다운 감동은 조용히 스며들 듯 번져오는 것 같습니다. 먹물이 화선지에 고요하게 번지듯, 그래서 은은한 묵향을 내듯이….

내게는 이러한 감동이 자연 특히 말없는 식물 즉 나무나 풀꽃이나 이러한 자연에게서 나에게 번져옵니다. 그러한 감동을 전달받고 싶어 오늘은 '큐' 왕립식물원을 찾아 나섰습니다.

튜브를 갈아타며 도착한 큐' 역이 있는 곳은 런던교외의 전형적 시골 마을이었어요. 마침 화창한 날씨여서 가든으로 가는 길가에는 카페에 앉아 음료를 즐기는 사람들이 많았고, 집들도 고풍스러웠지요.

그렇게도 넓다는 가든의 동서남북 여러 게이트 중 한 곳에 들어섰어요.

관광안내 책자에서 본 '입장료 무료'라는 말은 옛날얘기인 듯, 웬걸요, 나에겐 천문학적 숫자인 입장료를 내야 했죠. 먼 길을 갔는데 그것 때문에 돌아올 순 없지 않겠습니까?

영국이라는 나라도 이제는 보수당 정권으로 바뀌어서 그전 노동당 정권 때와는 달리 모든 것이 서민들 살아가기가 팍팍하다고들 합니다. 특히 외국에서 몰려오는 방문자 이민자들이 그들의 봉이라고 합니다. 규제는 많고 이곳에서 살기 어렵게 만든다는 얘기겠지요. 나는 정치는 잘 모르지만 자국민을 보호한다는 명분으로 그렇게 한다는데 정말 피부로 느낄 수 있어요.

공원에 들어서니 크고도 큰 빌딩 높이만한 팜 온실하우스가 눈에 들어왔지요. 신기한 세계였습니다. 빌딩 몇 층 높이만큼 자란 열대식물들이 그 안에 가득했고 사이사이 이름 모를 식물들과 꽃들 사이로 거닐 때, 아! 이 번져오는 숲의 향기, 그리고 풀향기…. 그래요, 나는 이 풀향의 감동을 맞이하려고 이곳에 찾아왔습니다.

꽃술을 길게 뻗어 나를 맞이하는 듯한 열대의 무궁화 꽃이라든가, 온실 지붕 위의 태양을 향하여 팔을 벌린 듯한 팜 트리들이 다른 세상을 보여주는군요. 어디서도 느껴보지 못한 이 향기의 주인공들에게 나는 반갑다고 인사하며 즐겁습니다.

영국이라는 나라는 아무튼 대단한 나라입니다.

모든 값어치 있는 것에는 '왕립'이라는 수식어를 앞에 붙이고 그 말이 왜 신빙성이 있는지 믿게 만드는 것 같습니다. 그 옛날 해가 지지 않는 나라였다는 영국이 식민지로 다스렸다는 곳으로부터 가져온 것들일까요? 오대양 육대주의 식물과 생물들을 다 이곳에서 볼 수 있구나! 하는 생각을 했지요. 아프리카 사막이나 호주나 뉴질랜드 등지에서 자란다는 결코 영국에선 볼 수 없는 식물들을 볼 수 있었고 심지어 동양의 어느 나라에서 가져다 놓았는지 장정의 팔뚝처럼 굵은 대나무들도 하늘을 찌를 듯이 온실 천장으로 치솟고 있었지요.

식물이나 나무들도 이곳에 이민 와서 살려니 풍토가 맞을 리가 없겠지요. 인위적으로 만들어놓은 사막이나 자갈언덕 같은 곳에서 비실거리고 있는 열대의 식물들이 내 모습을 보듯 안쓰럽습니다. 그래도 이 신기한 식물의 세상을 나처럼 사진에 담느라 분주하고 또는 후끈거리는 온실 속 열대에서 물병을 옆에 놓고 앉아 마셔가며 열심히 식물이나 나무들을 스케치 하는 사람들이 있어 정겹습니다.

가든 안의 미술관에는 세계 여러 나라들을 다니며 역사적 유명화가가 그렸다는 식물들과 꽃들의 그림들이 미술관 벽에 빼곡히 걸려있고 다른 전시실에는 현역 화가들인 양 가든의 식물과 꽃을 소재로 한 수채화그림들이 전시 중이었지요. 전시에선 식물이나 나무에 관한 지식들을 배울 수 있었어요. 눈에 호사를 선물하고 밖으로 나오니 마침 사진작가들의 가든을 소재로 한 사진전시회도 열려있었습니다.

"사진도 역시 전문가가 찍은 것은 다르군! 이렇게 감동일 수가!"

아! 벌써 오후 가든 문 닫을 시간이 가까워오는군요. 나의 다리가 너무 아프다고 아우성입니다. 비싼 입장료를 냈으니 오늘 가든을 다 보아야 한다는 생각으로 너무 무리를 했어요. 그러나 어떻게 다 보겠어요. 모든 본 것들을 마음에 사진으로 남겨야겠습니다. 어느 순간 한 감동이라도 일생을 좌우하기도 하는 것인데 나는 너무 욕심이 많았던 것이지요. 그렇지만 나 자신이 나 자신에게 감동을 선물했기에 오늘의 감동은 충분히 값진 것이었어요.

허탕 친 런던타워 구경

통계에 따르면 영국으로의 여행자들이 제일 많이 방문한다는 런던타워(감옥)를 런던에 5년이나 살면서 말로만 듣고 들어가 본적이 없다. 오늘은 꼭 들어가 보리라 마음먹고 일찌감치 길을 나섰다.

템스 강가에 자리 잡고 있는 타워는 그 위풍을 자랑이라도 하는 듯 늘 거기 서 있었다.

이곳에서는 서슬 퍼렇고 잔인스러운 영국역사 속에서 많은 정치범이나 왕족들의 목숨이 형장의 이슬로 사라졌겠구나! 하는 생각을 그곳을 지날 때면 하기도 하였었다. 템스 강물이 타워 밑으로 흘러 들어가는 다리를 지나며 '저 타워의 지하에서 많은 사람의 목숨이, 흘러들게 디자인한 템스 강물에 수장되었다'라는 말을 들은 적도 있었다.

날마다 어디로 출근하는 생활과는 거리가 먼 생활을 살아온 나이기에 언제나 길 떠날 때는 챙길 것이 많다. 전철이나 버스의 통행료 카드는 챙겼는지, 안경은 맞는 걸 썼는지, 카메라는 넣었나? 걸을 때 목마르면 목축일 것은 넣었는지 등등. 등에 걸머멜 쌕을 보고 또 열어보고. 그래도 뭔가 빠진 것 같은 느낌이 드는 것은 경험상으로 분명히 뭔가 빠뜨린 것인데 생각이 나질 않으니 어떡하지? 하며 길을 나선다. 굳어버린 머리 탓만 하면서….

가는 길목에 '런던 대 화재 기념비'가 하늘을 찌르듯이 서 있었다. 1666년에 난 대 화재에 경각심이라도 심어주기 위한 것인가? 이런 것도 관광 자원이 된다니 신기하다. '저 꼭대기에 올라가면 런던이 한눈에 볼 수 있다'라는 안내패널이 있었지만 입장료가 아까워 생략하고 강가로 길을 재촉하여 걷는다. 런던 시내를 보라는 것은 분명 경각심을 주기 위한 것은 아닌 것 같았다.

저 멀리 '타워 브리지'가 시야에 들어온다. 일단 다리를 하나 건너서 템스 강 남쪽으로 왔다. 타워브리지를 향하여 강변을 따라 걸으니 제일먼저 나타나는 것은 강에 정박해 있는 어마어마하게 큰 범선 '발 화스드(Balfast)'였다. 그 안에 카페라도 차려놓았는지 들러가라고 유혹하는 광고문도 보인다. 강가의 남쪽으로 건너온 것은 이쪽에 있다는 이상하게 생긴 '시청' 건물을 방문해 보고 타워브리지를 걸어서 건너가는 것이었다. 그리고 건너간 쪽에 있다는 런던타워를 구경하는 게 오늘의 계획이었다.

처음인 길이라 강변 호텔의 경비원인 듯한 사람에게 '여기 어디 시청사 건물이 있느냐'고 물어보니 모른다고 하며 런던시청사는 국회의사당 건너편에 있다고 하는 거였다. 그래도 아닌 것 같아 산책 겸 일단 걸어보니 저 멀리 뭐 특이한 건물이 보이긴 했다. 아! 저것인가 보구나 하고 그 거대한 헬멧같이 보이는 건물을 향해서 가보니 바로 그곳이었다. 아까 호텔직원이 말한 건 구 청사였다.

친환경적으로 '노먼 포스터'라는 사람이 설계해서 지었다는 이 신 시청사 건물은 지은 지 얼마 되지 않아서 그런지 사람들이 모르고 있는 게 분명했다. 전체가 유리로 되어있는 이 현대적 건축물은 강 건너편에 런던타워라든가 총알같이 생긴 특이한 건축물(이것도 같은 사람이 설계했다고 한다) 등 빌딩들을 조망할 수 있고 옆에 타워브리지도 손에 잡힐 듯이 버티고 있는 것이었다. 시청 건물 안으로 검색을 받은 후 들어가니 넓은 홀 바닥에 런던의 위성지도가 그려져 있어서 사람들이 자기들이 사는 곳이 어디쯤인지 살펴보고 있는 듯하였다.

여기저기 둘러보고 시 청사를 나와서 타워브리지를 건너가기 전에 더 위쪽으로 좀 더 걸어보기로 했다.

이곳은 빅토리안 시대(19세기)의 무역항구로서의 무역항 창고들이 있던 거리 쉐드 템스(Shad Thames)라는 곳이다. 그러니 자연히 버려진 뒷골목 정도의 거리였을 터, 나는 그곳을 거닐면서 아직도 이 아름다운 강변로에 재건축인가 하는 명분으로 이 뒷골목의 창고 같은 것들을 헐어내지 않고 옛날 그대로 남겨두는 게 신기했다. 영국인들의 정신문화를 이곳에서 또 느꼈다. 좁은 골목으로 지날 때 머리 위엔 건물과 건물을 연결하는 구름다리가 인상적이라고 생각하며 이런 뒷골목을 배경으로 썼음직한 '찰스디킨즈'의 「올리버 트위스트」라는 소설을 떠올렸다. 방금이라도 부두 노동자들이 우락부락한 얼굴을 하고 좁은 골목안의 창고 같은 건물 안에서 튀어 나올 것 같았다. 상상을 하며 걷다 보니 우중충한 건물의 실내는 의외로 환히 불 밝힌 '펍'들과 선물가게들이 들여다보이는 것이었다! 거죽만 그대로 두었을 뿐 속은 확 바꿔버린 듯했다.

"역시 겉과 속이 다른 영국인들이군!"

이제는 타워브리지를 건너가며 강변에 파노라마같이 펼쳐진 오래된 고풍스런 건물들과 현대식 건물들이 어우러진 경관을 구경하면서 런던타워로 내려갔다.

"아! 드디어 오늘 저 감옥 안으로 들어가서 구경 좀 해야겠구나!"

기대에 차서 들어가는 입구를 찾았다.

"아니 그런데 입장티켓을 사야 하는 거였구나!" 하고 입구에서 입장 티켓 검사하는 사람을 보고서야 가방 안에서 돈지갑을 찾기 시작했다. 내 지갑 어디 있지? 하며 찾아도 없어서 그제야 생각이 퍼뜩 나는 것이었다. 집 떠날 때 그렇게도 생각이 떠오르지 않던 뭐 빠뜨리고 가는 것 같던 그것 바로 '돈지갑!' 이었다.

"그렇군. 지갑을 빠뜨리고 왔었군! 젠장! 이런 멍청이 봤나. 장사 치르러 가면서 시체 빼놓고 가는 격이었군! 이런 낭패가 어디 있담."

힐끗 입구의 감옥 수문장을 쳐다보니 나를 보고 비웃고 있는 듯하였다. 어리버리 해가지고 어디를 다니느냐고. 하하 그게 나니까 할 말 없지!

겉과 속이 다른 듯한 영국의 문화에서 저 웅장한 감옥 안에서는 무슨 일들이 일어났을까 보지 못하고 돌아서는 게 좀 아쉬웠다. 그러나 겉만 체험한 것도 어디야! 하며 스스로 만족하고 들은 이야기로 런던타워 구경을 대신해야 할 것 같다. 아무튼 런던타워는 구경할 인연이 아닌 것 같다, 다시 와서 보고 싶다는 마음이 싹 가시는 걸 보면.

황야에 불던 바람

- 하워스(hawarth) 기행

하워스를 찾아서 떠나던 날은 황량한 바람이 불었다. 저만치 비탈진 언덕으로 조그마한 하워스 시가 보이기 시작할 때 온몸을 움츠려 들게 하는 바람. 아! 그건 히스테릭한 겨울바람이었다. 「폭풍의 언덕」 남주인공 히스클리프의 캐릭터처럼….

내 머릿속에 각인되어 있는 에밀리 브론테의 소설 「폭풍의 언덕」은 격정적인 삐뚤어진 사랑과 서정적 낭만이 얽혀있는 역설적 이야기다. 그 주인공 히스클리프와 캐더린의 운명적인 사랑과 애증을 그린, 내겐 인간의 본질에 대한 성찰의 기회를 준 잊히지 않는 소설이다.

온통 보라색 히스 꽃이 만발해 있고 하루 종일 황량한 바람이 분다는 그 배경이 된 거친 황야, 폭풍의 언덕! 이곳은 늘 와 보고 싶었던 그리운 풍경이었고 내게 그 소설의 주제는 황야였다.

영국 수도원의 침묵은 어느 땐 갑자기 내 인생이 꼭 길 없는 숲속에 있는 것 같게 했다. 문학을 향한 목마름과 함께. 그럴 때면 늑골 어딘가에 눌려있던 떠돌이 기질이 되살아난다. 이번에는 요크의 성공회 대성당 순례와 함께 가까이 있는 하워스를 여행하는 기회가 왔던 것이다.

영국의 중북부 황야지역인 하워스는 한적한 시골마을이라고 해야 맞을 것이었다. 그런데 한 위대한 작가의 명성으로 인해서 세계적 문학여행의 순례코스가 된 곳이지만 화려함이나 볼거리와는 거리가 멀다. 아마도 소설 「폭풍의 언덕」을 읽고 감명을 받은 독자들에게는 의미 있는 곳이 아닐는지.

먼저 언덕을 올라 만나게 되는 하워스 패리시 처치(Parish Church)에 들렀다. 브론테의 아버지는 이 성공회 신부였다. 그는 이 교회에서 죽을 때까지 근무했다.

교회의 옆으로 묘지들이 있고 묘지들을 사이에 두고 건너편에 지금은 박물관이 된 사제관(Parsonage)이 있었다. 영국의 교회들의 구도는 마치 삶과 죽음이 가까이서 같이 공존하는 것처럼 보이기도 한다.

교회 안의 브론테 가족 묘지를 둘러보았다. 그리고 브론테 박물관은 그냥 지나쳐야 했다. 시간이 촉박했다. 그 뒤로 히스클리프(heath cliff)라고 이름 지은 길을 따라 황무지(moore)를 향해서 올랐다. 돌담을 끼고 말과 양떼가 노니는 구릉을 지나 꽤 높은 언덕에 올랐다. 사방을 둘러보니 보랏빛 히스 꽃들이 여기저기 흩어져 바람에 누워있다. 저만치 외로운 나무 한 그루도 황량한 바람을 견디고 있었다. 하워스 시내와 맞은편 구릉들이 저 멀리 내려다보이고 구름이 황야에 그림자를 드리우며 흘러가고 있었다.

1820년부터 1861년까지 이곳에서 목회하며 살았다는 패트릭 브론테 신부를 생각하며 150여 년 전으로의 시간여행을 떠난다. 그는 이곳에 사는 동안 아내와 자식을 모두 먼저 보냈다. 진정 얼마나 슬프고 고독한 인간이었을까! 그의 자녀들은 30대에 모두 일찍 죽었다. 애처롭다.

'바람에 씻겨진 돌들 사이로 황무지의 히스 꽃들이 내뱉는 음악들을 보았어요. 외로움에 지친 그 황량한 음성들'이라고 에밀리 브론테는 노래했다. 아마도 그녀에게는 이 황야가 단순한 외로움과 쓸쓸함, 괴로움을 견디어내야만 하는 곳은 아니었기에 오히려 이곳을 사랑의 의미에 대하여 깊이 생각할 계기를 주는 곳으로 바꿔 놓았던 것이 아닐까?

그녀는 황무지의 바람 속에서 폐결핵으로 죽었다. 죽어가면서까지 그 자신을 모델로 한 캐더린을 소설에 주인공으로 등장시켰다. 그리고 황폐하게 망가져 가는 히스클리프를 등장시켰다. 격정과 절도, 두 개의 모순된 성격을 묘사함으로서 오히려 외로움에 지친 폐허에서 황량한 바람소리를 음악으로 승화 시킬 수 있었던 게 아니었을까? 그리하여 그 집요하고도 전율적인 사랑의 묘사를 할 수 있었던 에밀리 브론테. 나는 그 감정을 느껴보려 바람을 맞으며 황야의 언덕에 한참을 서 있었다.

교회 뒤쪽으로는 소설, 폭풍의 언덕 배경이 되었던 톱 위덴즈(Top Withens)로 가는 길이 있었다. 5마일이라고 적힌 싸인 포스트가 있는 곳에 서서 멀리까지 바라다보았다. 가서 그 언덕위의 폐허를 봐야 하는데…. 하루 종일 바람만 불고 히스 꽃이 뒤덮여 있다는 그 황야의 언덕을 에밀리 브론티가 산책했듯이 걸어보는 행운은 다음을 기약할 수밖에 없었다.

이런 황야에 서면 모든 인습적인 속박에서 벗어날 수 있을 것만 같았다. 그녀의 소설 「폭풍의 언덕」은 출판되자 등장인물들이 흉측하고 음산하다는 이유로 배척당했다고 한다. 그러나 저자는 그 시대의 인습적인 속박에서 스스로 벗어나 자유로웠기에 이런 글쓰기가 가능했을 거 같다는 생각을 했다.

아! 이곳이 에밀리 자매들이 살며 거닐며 생각하던 문학의 산실이구나! 감회가 밀려왔다. 보라! 얼마나 황량하고 쓸쓸한 벌판인가! 그러나 나는 유럽 그 어느 명승지보다도 이처럼 감동을 주는 곳을 보지 못했던 것 같다. 그들이 걸었던 길, 바라보던 풍경이었다는 이유로 감격에 벅차고 있었다.

황야! 나도 그곳에 나의 모든 인습적 속박을 벗어던지고 왔는가? 침묵과 봉쇄의 수도원 황야에서 스스로 자유인이 될 수 있도록….

돌아오니 나의 수도원 침묵도 역시 내 영혼에 공기처럼 숨쉴 수 있는 안식을 가져다준다. 역설이다!

이천년의 숨결이 흐르는 그곳

18세기에 영국의 남부지방 소도시 바스(Bath)에 한때 살았다던 제인 오스틴(Jane Austen)의 소설이나 영화를 떠올리며 그곳에 한 번 가보고 싶다는 생각을 오래전부터 해오던 터였다.

그녀의 소설작품들은 18세기에 섬세한 시선과 재치 있는 문체로 쓰여진 여러 중 상류층 영국의 가정 또는 특히 여성들의 삶을 다룬 것이 특징이다.

영국 북부지방의 '하워스'에 있는 에밀리 브론테나 샬럿 브론테의 고장을 찾아 갔을 때도 느꼈지만 이들은 모두 성직자(글에서 목사라고 표현한 것은 영국에서는 성공회 신부를 일컫는 것이다)의 가정에서 태어나 독신으로 지냈던 여류 소설가들인 것이다. 이번에도 당일치기로 아름답고도 역사적 휴양도시라는 그곳을 찾아 나섰다.

손에는 언제나처럼 여행안내 브로슈어만을 챙겨들었는데 불행히도 그 브로슈어 속에는 유네스코가 '로만 바스(Romam Bath)'를 세계문화유적지로 정해놓고 연100만 명 이상이 이 소도시에 몰려온다는 장황한 '로만 바스'에 대한 설명만 있었다. 로마인들이 2천여 년 전에 온천을 발견해서 대욕탕과 온천수가 보존되어 있다는 이 명성에 가려져서인지 '제인 오스틴'의 얘기는 빠져있었다.

여행안내서의 내용대로 따르다보니 당일치기 여행은 언제나 마음이 분주하다.

무엇을 먼저 보아야 하는지 순서를 정하는데 기차역에서 제일 먼저 당도한 곳이 바스의 대수도원(Bath Abbey)이라는 지금은 대성당(Cathedral)이 되어있는 곳이었다. 애비(Abbey)와 대성당(Cathedral)은 좀 다른 개념인데, 모든 Abbey가 그렇듯이 이곳도 6세기쯤에는 수사나 수녀들의 수도원 성당이었다.

973년에는 온 영국을 다스린 '에드가'라는 왕의 대관식이 이곳에서 있었다는 기록이 있는 걸 보면 자연스럽게 대성당으로 전환되었을 거라는 생각이다. 아무튼 성당에 들어서는 그 순간의 느낌은 감동 그 자체였다.

간결하면서도 섬세하고 아름다운 성당 건축물은 영국의 어디서도 보지 못한 아름다움이었다고. 다른 곳에서의 웅장한 성당들은 너무나 거대하고 복잡하서 한눈에 다 들어오지 않는 미로 같은 내부 구조였던 것 같은데 이곳은 한눈에 들어오는 간결한 내부구조에 환한 아름다움이 올려다본 부채꼴 모양의 성당 천장에서도 나타났다. 이곳에서만은 어느 누구든지 나쁜 생각 같은 것은 내려놓게 되지 않을까 생각하며 잠시 머리 숙여 기도드릴 때에 천사들의 합창이 들려오는 듯했다.

성당의 정문 바깥벽에는 구약성경 이야기 속의 '야곱'이 돌베개를 베고서 잠이 들었을 때 꿈속에서 천사들이 사다리를 타고 하늘로 오르락내리락했다는 이야기를 부조로 새긴 것을 볼 수 있었다. 정문을 중심으로 양쪽 벽에 하늘까지 오를 듯한 사다리가 있고 천사들이 여기저기 사다리를 오르고 있는 조각 작품들도 다른 곳에서는 볼 수 없었던 퍽이나 인상적인 발상의 예술이었다.

성당의 앞쪽 바로 옆에는 '로만 바스'가 있었다. 온천을 발견하여 그 주위를 이교도(pagan)의 중심지로 개발한 이래 지금까지 파괴와 재건을 반복하였지만 로마인들이 만들었다는 온천은 지금까지 그대로 보전되어 세계문화유산에 등록되어 있다는 것이다.

대욕장으로 들어가니 이천년 가까운 세월의 이야기를 풀어놓은 듯, 그 숨결이 흐르는 듯 어디서부터인가 돌 밑을 지나서 좔좔 욕장으로 흘러들어오는 온천수는 연초록빛을 띠고 김이 모락모락 피어오르고 있었다. 손을 물에 담가보니 역시 따뜻한 감촉이 전해온다. 그 안에 헐어져 내려버린 벽돌 하나 돌 하나에도 로마인들의 숨결이 흐르는 듯 신비함으로 가득했다. 그 옆의 '펌프룸'은 이제는 레스토랑이 되어 여행자들의 위락을 위해서 존재하였다. 값비싼 식사를 즐기고 있는 여행자들을 보면서, 아마도 그 옛날에는 여기에서 귀족들의 무도회라도 열리지 않았을까 상상해 본다. 중세 귀족들의 사교장을 그린 커다란 그림 한 점이 벽에 걸려있었다.

이곳을 나서서 부랴부랴 로열 크레슨트(Royal Crescent)라는 곳을 향했다. 온천수가 나온다는 소문에 돈 많은 영국의 귀족들이 이곳으로 몰려와서 살던 아파트 건물이라고 한다. 그 반달모양의 아파트 건축물은 영국에서 제일 아름다운 건축물로 꼽히고 있다고 한다. 저 원형의 아름다운 건물 안에서 18세기 쯤에는 어떤 생활들을 했을까 호기심을 자극하는 것이 이곳에선 관광 상품이 되어 있었던 것이다.

오후가 되어 목이 말랐다. 바스 시내를 가로지르는 조그마한 에이븐 강이 흐르고 그 위로 퍼트니(Pultney)라는 다리가 있고 그 다리 위에 퍼트니라는 찻집이 눈에 들어왔다.

스콘(Scone)이 곁들여진 크림 티(Cream tea)를 주문해 마시며 마음의 여유를 잠시 즐기며 내 다리를 쉬게 한다. 찻집 유리창을 통해서 내려다보이는 강에는 역시 조그마한 유람선이 여행자들을 분주히 실어 나르고 갈매기들은 분주히 얕게 강물 위를 날며 먹이를 찾고 있는 모양이다. 그리 비싸지는 않으나 스콘을 곁들인 영국 전통의 홍차를 마시며 18세기 이곳의 사람들도 이런 홍차를 마셨을까? 즐거운 상상을 해본다.

다시 거리를 걸으며 상점에 진열된 바스를 주제로 한 그림들을 열심히 사진에 담고 있는데 지나가다 이를 본 영국사람인 듯한 숙녀가 '저 길 건너가면 바스를 주제로 한 그림전시회를 하고 있다'고 가르쳐준다. 전시회에 가서 의외로 다녀보지 못한 여러 곳을 풍경화 속에서 감상하니 이 또한 오늘의 횡재가 아니던가?

제인 오스틴 센터(Jane Austen Centre), 오늘 여행을 마감하기 전에 얼른 거기를 가봤다. 그 근처인 듯한 곳에서 여인에게 물어보니 '저기 인형이 서 있는 집'이라고 손가락으로 가리킨다. 가보니 인형은 없고 아주 조그만 제인 오스틴의 인형그림이 유리창에 붙어있었다.

"이걸 갈고 인형이라고 했나?"

의아해 하고 있는데 또 지나가는 여인이 오늘은 이미 문 닫았다고 가르쳐 준다. 문을 닫으며 제인 오스틴 인형도 집안으로 들어간 게 분명했다. 나의 시계 배터리가 다 닳았는지 시간이 멈춰 있는 것도 모르고 돌아다녀 이곳 관람시간을 놓쳐 버린 게 못내 아쉬웠다. 인형 대신 내가 인형처럼 그 집 앞에 서 보았으나 제인 오스틴이 될 리가 없지 않은가?

영국에서 셰익스피어 다음으로 이름이 나 있다는 작가가 살던 집은 겉으로 보기에는 너무나 작고 초라해 보였다. 타운 하우스인 듯한 줄지어 붙어있는 집들 중에 끼어있는 작은 집이었다. 이곳에서 그 유명한 여러 소설들을 집필했을까? 생각하니 그 당시에 영국의 생활상이 짐작이 된다. 그 당시 집에 유리창이 많은 수대로 세금을 매겨서 유리창을 아주 시멘트로 발라 막아버린 집도 있다고 하지 않던가! 그 기준에서 보니 이해가 간다.

'바스'는 제인의 아버지가 은퇴한 후 딸들과 와서 살았던 곳이라고 한다. 영국 성공회의 성직자인 아버지와 시와 이야기를 지어낼 줄 아는 어머니는 자식들에게 학문을 사랑하도록 가르쳤다고 한다. 이런 부모에게서 태어나서 수도원 학교를 다녔으며, 또한 목회하는 아버지를 따라 여러 지방에서 여러 사회계층의 사람들을 접하였을 제인 오스틴이 그 생활의 경험을 바탕으로 다양한 성격의 영국 중산층의 이야기를 집필할 수 있었던 게 아닐까 생각했다.

하노버(Hannover)에서

억압된 사람들은 본능적으로 일상에서의 일탈을 꿈꾼다던가? 내 자신이 자청하여 사는 수도자의 삶이 억압이 될 수는 없으나 가끔은 그 식상한 생활에서 이탈하여 보고 싶은 충동이 일어납니다.

넓은 들판 한 가운데서 세상 모든 정적을 품은 듯 나의 거처 영국의 수녀원은 그저 그렇게 서 있습니다. 수녀원 건물의 회색지붕 너머로 저 멀리 흘러가는 구름을 바라보노라면 '나도 저 구름처럼 날 수 있다면' 하며 일탈을 꿈꾸어 보기도 하지요. 갑자기 내 인생이 꼭 길 없는 숲속에 있는 것 같아 어딘가로 떠나고 싶을 때가 있습니다.

라인 강의 기적, 본 소년합창단, 베를린장벽, 또는 히틀러, 나치. 나에겐 독일 하면 이런 말들이 떠오릅니다. 이미륵 작가가 책 속에서 말한 적이 있는 독일인의 가정집 뜰에 열려있었다는 빨간 꽈리 등을 떠올리면 독일이 좀 문학적이고 따뜻하게 느껴지기도 합니다만…. 헉, 쉿, 하는 듯한 익숙지 않은 콧소리 같은 발음의 독일어는 나를 잔뜩 긴장케 하는군요. 독일도 영어를 별로 쓰지 않는 것 같은데 이럴 때 독일인 친구가 옆에 있어 좋습니다.

친구와 같이 지금 '져만 윙(Germanwing)'이라는 독일 비행기 위에서 날아가는 중입니다. 친구를 따라서 독일의 '하노버' 그녀의 집으로 며칠 휴가를 떠나는 중입니다.

친구는 막 95세 되신 할머니 생신을 축하드리려고 영국에서 집으로 가는 것입니다. 도착하니 친구의 어머니, 할머니께서 반갑게 나그네를 맞아주시는군요. 그녀의 집이 있는 하노버 시장께서 오셔서 막 할머니의 95세 생신을 축하해주고 있군요.

이 독일 가정은 듣던 대로 검소하고 완고하고 강한 독일인의 이미지가 풍깁니다. 먼저 자신들의 시대에는 영어를 배울 기회가 없어서 영어는 모른다고 전제하고 하노버 시 자랑에 들어갔습니다. 내가 잠깐 찾아본 하노버에 대한 지식으로도 '니더작센주'의 주도이며 독일에서 가장 살기 좋은 도시로 평가되어 있다더군요.

친구의 집은 시에서 좀 떨어진 한적한 마을이었어요. 따뜻한 햇살을 맞으며 오후에 동네 산책을 했어요. 집들은 크고도 여유 있어 보입니다. 영국과는 다른 분위기이네요. 아파트들도 알록달록 예쁜 색으로 단장을 했네요. 크지 않은 마을인데도 갤러리가 있어서 개인전시회도 하고 있군요. 역시 예술을 사랑하는 사람들이라는 걸 알 수 있었죠.

지나가는 길에 그로서리 스토어에서 동네사람들이 모여 무엇인가 즐거운 분위기였는데요. 여기서 결혼 피로연을 하고 있지 뭐예요! 동네사람들은 마치 한 가족같이 서로 축하하고 즐기고 있네요. 얼마나 여유로운가 말이죠! 우리들도 들어오라고 해서 새 신랑과 건배를 했답니다. 마을사람들은 말을 사육하고 승마는 이들의 일상 스포츠인 것 같았으며 전원스러운 마을에서 이들은 여유롭게 살고 있구나!라고 느끼며 동네를 한 바퀴 돌아보고 왔습니다.

다음날은 시내 관광에 나섰습니다. 좀 떨어져있는 시내까지 친구의 어머니께서 자동차로 태워다 주셨고 거기서 '트람'으로 갔습니다. 트람 안에는 강한 인상의 독일인 얼굴들이 말없이 침묵 속에 앉아있어서 내겐 이것 또한 독일인다운 풍경으로 다가왔습니다. 사람간의 소통이 구태여 말일 필요가 없는 수도원의 수도자들의 분위기 같았지요!

독일은 '루터란 교회'의 나라이지요? 하노버에서 대성당 격인 루터교회를 먼저 찾아갔습니다. 검소하게 꾸민 성당 안에서 촛불을 하나 밝히고 잠시 고개 숙여 기도드리고 나왔습니다. 가톨릭 사제였던 루터가 16세기 종교개혁을 한 후로 로만 가톨릭을 배재한 루터교는 독일의 국교가 되었지요.

도시는 오래된 건물과 현대식 건물이 섞여있었는데 그것이 조화를 이루고 있습니다. 하노버를 가로질러 흐르는 라이네(Leine) 강가를 거닐며 도시의 생명줄이 되는 물을 생각하기도 합니다. 물살은 햇볕에 반짝이며 급히 흐르기도 하고 어디쯤에선 천천히 흐르기도 하는군요. 인생의 시간들도 강물이 흐르는 페이스처럼 흘러가는 게 아닐까요? 그 물결 위로 나 자신이 이리저리 부는 바람 같다는 생각을 합니다.

'라이너 불루바드'라고나 해둘까요? 강가를 따라 뻗은 넓은 길에는 조각 예술품들이 즐비하게 서 있습니다. 현대식 조각품들인 것 같은데 잘 모르지만 도시와 제법 어울린다는 생각을 했습니다. 도심 속의 박물관이라든가, 도서관, 책방 등을 둘러보고 북적이는 시장 속에 들어가 점심도 먹었어요. 이상기후로 영하 8도나 된다는 독일 하노버시의 겨울날씨지만 그러나 화창한 햇볕이 있어 '나의 여로에 해님이 따라와서 나에게 행운을 주고 있구나!'라는 즐거운 생각도 해봅니다.

저녁에는 하노버의 음악학교에서 음악회(Free Concert)가 있다고 해서 가봤습니다. 이 음악학교도 독일에서 명문으로 평가되는 음악학교래요. 학생들의 학기말 시험 정도 되는지 교수들이 채점을 하는 듯 앞에 앉아 감상을 하고 있습니다. 정말 아름다운 음악이었어요. 라벨과 베토벤(Ravel과 Beethoven)의 음악이었는데요 8개의 악기로 연주하고 있었지만 오케스트라를 방불케 하는 음악이라고 생각되었지요. 눈과 귀를 아름다운 음악으로 호사시키고 귀가하면서 독일에선 이 모든 학교의 교육이 대학까지도 다 무료라는 말에 놀랐지요. 이들 생활의 여유로움이 이런 데서 오는 걸까요?

독일에는 1차 대전 이전까지는 100명도 넘는 왕들이 있었답니다. 그러니까 지방의 지주 정도가 다 왕이었을까요? 오늘은 하노버 왕조가 살았던 궁을 보기로 했습니다. 넓고 넓은 호수 저쪽으로 왕의 여름별장이었다는 곳도 지나서, 궁은 이 세상 저 뒤안길에 있는 듯했습니다. 더러 허물어진 것 다시 복원하기도 했다지만 역시 독일인의 그 검소함이 이곳 궁궐에도 나타나는 소박한 건물이라는 생각을 했습니다. 이제는 시에서 시민들을 위한 휴식과 문화의 공간으로 사용하는 듯했지요. 전시장이라든가 야외 음악당 같은 시설이 겨울날의 햇볕 아래 공백으로 텅 비어 있었습니다. 봄이 오면 이곳에도 생명의 환호소리가 넘쳐나는 곳이 되겠지요.

이때의 여행은 친구 할머니의 생일파티도 인상적이었습니다. 독일인의 생활문화를 엿볼 수 있었지요. 먼데서 오는 친척들을 위해서는 주말에 날을 잡아서 호텔에서 정식 파티를 할 거라지만 먼저 가족끼리 하는 생일파티가 정겨움에 넘쳐났습니다. 하노버 시에 살고 있는 할머니의 작은딸은 'Reading Choir'라는 생소한 이름의 취미활동을 하고 있다는데 할머니 앞에서 어린아이처럼 또는 연극인처럼 모션을 곁들여서 시를 낭송하여 보여드렸습니다. 아마도 하는 것으로 봐서 '詩 낭송회' 정도가 아닐까 하는 생각을 했어요.

그렇다면 내용은 독일의 국민시인 '괴테'의 '파우스트'가 아닐까 하고 내 멋대로 짐작해 봅니다. 파우스트의 마지막 구절에 나오는 '영원히 여성적인 것이 우리를 구원하도다!'라고 말하는 것 같았기 때문이지요. 죽 둘러보니 그 댁은 4대가 모두 여자들만 앉아서 생일파티를 하는 것을 보고 그런 생각을 했는지 모르겠습니다. 그리고 정서순화에 아주 좋은 취미활동이구나! 라는 생각을 했어요.

원래 태생이 수도자인 나는 분위기에 맞추려고 노력했으나 몸에 배인 침묵을 당장에 바꿀 수가 있나요! 거기다 독일어도 모르는 판이고. 그래서 꾸어다놓은 보릿자루처럼 가만히 앉아 있었지요! 그런데 호스트이신 친구의 어머니는 오히려 자기 딸들에게 수녀의 과묵함을 배우라고 훈계하시는 거였어요! 나는 이 독일인의 가정에서, 다름의 문화 속에서 충분히 공감의 형성대가 이뤄지는 소중하고 풋풋한 정을 느꼈습니다. 역시 일상에서의 일탈은 내겐 꼭 필요한 것이었지요.

6.

영원히 낯선 곳에서

인생의 시간들도 강물이 흐르는 페이스처럼 흘러가는 게 아닐까요? 그 물결위로 나 자신이 이리저리 부는 바람 같다는 생각을 합니다.

- 「하노버 기행」에서 -

인생은 밀물이나 썰물

- 벗에게 · 1

런던에 살고 있으면서 '노팅햄'에 있는 수녀원을 방문하는 날들은 으레 그 말릴 수 없는 조급함으로 너무 일찍 기차역에 나온다나. 튜브나 교통이 제대로 운행되지 않을 때도 많기 때문에 이런 때를 미리 염두에 두기 때문이지. 어떤 땐 시간낭비이기도 하지만 다른 방법이 없으니 하는 수 없지.

플랫홈에 있는 찻집(Tea Room)에 앉아 기차의 탑승을 기다리고 있어. 따끈한 핫 초코 컵을 테이블 위에 올려놓고 앉아 이 '킹스크로스와 세인트 팬크라스 인터내셔널 스테이션'에서 세상 모든 부류의 사람들을 보게 된다. 무심히 앉아있는 나의 눈에 들어오는 이 풍경들, 아! 밀려오고 밀려가는 이 사람들! 밀물이나 썰물 같이 밀려오고 밀려가는 군상들을 구경하며 몇 줄 적어 보는 거야.

그저 외모에서 풍기는 그런 모습이지만 나는 그들과 같이 밀려오고 밀려가고 있어. 이 사람들은 어디서 오고 어디를 향하여 가는가! 내 머릿속의 여행은 그들과 같이 분주하고 조급해지네. 그리고 마음대로 상상의 나래를 펴 본다나.

신사복 정장을 한 저 사람들은 아마도 학교 교수나 선생님들일 것 같다. 구레나룻 수염을 기르고 머리에 터번을 둘둘 말아 올려 쓴 아라비안나이트에 나오는 상인 같은 사람들은 중동의 어느 사막에서 왔을까? 언제나 검은 양복에 검은 손바닥만한 작은 모자를 머리 위에 올려놓은 듯 쓰고 그리고 몇 가닥을 땋아서 늘여놓은 것 같은 검은 머리를 구레나룻 수염처럼 귀밑으로 늘어뜨린 유대인들 모습에서는 율법주의자 같다는 인상을 지울 수 없지. 허름한 캐주얼에 색(sack)을 등에 짊어지고 활기차게 걷는 젊은이들, 그들은 아마도 학생들이겠지? 기차역에선 학기초나 학기말에 이런 사람들을 더 많이 만나게 되지.

그리고는 여인네들, 말끔히 단장한 옷매무새와 머리를 한, 양갓집 규수 같은 여인들은 아마도 영국여인네거나, 상반되게 뒤룩뒤룩 비계를 몸에 싣고 고달픈 삶도 몸에 실은 듯, 아기나 짐을 끌고, 안고 가는 국적을 알 수 없는 피부가 가무잡잡한 여인들도 보이네.

아! 이곳은 세계의 인종시장이 아닌가!

이들은 어디서 오며 어디로 가고 있는 것일까? 결국 종착역은? 아마도 이곳은 그들의 인생에 중간역, 간이역일지도 모르겠다는 공상을 하며 앉아있어.

아직도 탑승하라는 넘버는 패널에 나타나지 않았고 상념은 꼬리를 물고 그칠 줄을 모르는데 오가는 사람들의 발걸음은 바쁘기만 한 것 같네. 그저 그들의 삶이 각박할 것이라고 가늠해 볼 뿐이지.

저쪽 철 펜스 너머에서는 '유로스타'가 유럽의 어느 다른 나라들로 떠나가고 있는 것이 보이네.

도착하는 유로스타에서 내리는 사람들이 역시 밀려오고 밀려가고 있어. 저쪽 세상은 더 넓은 세상! 프랑스 사람들인지 이탈리아 사람들인지 알 수 없는 악센트의 언어도 들려오네.

참으로 인생은 정거장으로 모이고 정거장에서 헤쳐나가는 것 같아. 마치 밀물과 썰물같이 밀려오고 밀려가는 바다 같은 세상 속의 간이 정거장.

드디어 탑승넘버가 패널에 켜졌네. 나도 역시 그들 중에 한 사람이 되어 바삐 간이역을 떠나야겠어. 결국 내 인생의 종착역은 멀고먼 듯 아직도 그리고 오늘도 나는 간이역과 간이역을 여행하고 있는 것이겠지? 또 쓸게.

우산증후군
- 벗에게 · 2

안녕? 지난 주간에는 또 수녀원 본원엘 다녀왔어.

수녀원은 여전했지만 예상 못한 여러 재난들이 일어나는 바람에 역시 내일이나 한치 앞을 예상 못하고 사는 게 고작 사람인가 해.

내가 전에 잠깐 말했던가? 수녀원 직원들에게 일어난 재난들로 인해 수녀원의 수녀들도 '우산증후군'에 시달리고 있었어. '우산증후군'이라는 말은 우산을 같이 쓰면 둘 다 한쪽이 조금씩 젖을 수밖에 없겠지? 그러므로 이웃의 누군가 고통을 겪으면 우산을 같이 받아서 같이 젖을 수밖에 없는 것처럼 고통을 나눠 받게 된다는 의미라고 하네.

특히 여행할 때는 어떤 일이 일어날지 정말 몰라. 나의 영국 친구 중에 한 부부도 모터 홈이라는 큰 버스를 끌고 7주 여행을 떠났었지. 수녀원에 가보니 벌써 돌아와 있더라고! 글쎄 프랑스 어느 강가에서 캠핑을 하며 모터 홈에서 자고 있는데 물이 그 모터 홈 반까지 차올라오도록 몰랐다는 거야! 마을 사람들이 와서 알려주어 홍수가 난 것을 알고 겨우 탈출해서 그냥 일찍 무사히 영국의 집으로 오기는 했다는군. 모든 소유품 다 잃고….

아이러니하게도 영국은 지금 가뭄에 시달리고 30도가 넘는 더위에 헉헉 하고 지내는데 말이지, 이게 몇 십 년 만에 온 가뭄현상이라고 하는데 옆의 나라에선 홍수라니!

벗은 이 더위에 잘 지내고 있는지?

내게 어려움이 닥치고 내가 그들에게 부담스러운 존재가 되면 내 주변을 맴돌고 있던 친구라고 생각했던 사람들은 썰물처럼 빠져나가 버리지. 진정 친구가 없다는 생각은 제일 큰 패배감일거야. 돈과 지위와 명예가 없다면 실패한 사람 실패한 인생으로 간주하는 사회에 살고 있는 거라는 생각이 가끔 들어. 내게 이렇게 편지 주고받을 수 있고, 관심사에 귀 기울여 주는 벗이 있다는 것이 축복이라고 생각하고 있어. 벗에게도 축복이 되기를….

요전에 간단히 언급했던 '천국의 열쇠'의 주인공 치셤 신부에게 일어나는 비슷한 일들이 우리에게도 일어날 수 있다고 생각해. 우산증후군 같은….

긴 세월 선교를 마치고 고향으로 돌아가는 치셤 신부의 관심사는 '안드레아'라는 꼽추 고아인데, 이는 치셤 신부가 어렸을 때 사랑했지만 이미 죽어버린 '주디'라는 여인의 아이라는 거야. 선교에서 돌아온 치셤 신부는 고향에 살게 해달라고 주교가 된 친구 '밀리'에게 청하고 고아인 '안드레아'와 살 집을 주시라고 이렇게 기도했다고 하지.

"오 하느님 평생의 단 한 번의 소원이옵니다. 당신의 뜻이 아니라 저의 뜻을 제발 이루어 주옵소서!"라고.

치셤 신부와 같은 사람이 이 세상에 많으면 좋을텐데….

더위에 '삼계탕'이라도 드시고 건강하길 바라며.

은행나무 추억

- 벗에게 · 3

지난 주말에 또 수녀원엘 다녀왔지.

수녀원은 그곳에서 내년에 이사 간다고 생각해서인지 정원이며 등등을 잘 돌보지를 못하고 있는 듯했어.

고국에서 씨를 가져다 심은 나의 은행나무는 벌써 내 키를 훨씬 웃돌게 자라나 있었는데 '아이고 저 은행나무에 정들여 왔는데 여기 두고 이사 가면 어쩔 것인가?' 하는 생각이 나면서 '아마도 너 은행나무를 두고 나도 떠날 때가 오나보구나! 사람이고 나무이고 간에 그 모든 이 세상 것에서 애착과 집착을 버릴 것이니라'라고 혼자 중얼거렸네.

그러니까 한 10년 전일까? 고국 방문했을 때 은행을 볶아먹다가 그 파랗고 노란색이 블랜드 된 것 같은 은행 알의 빛깔에 반했었지. 누가 말하기를 은행은 심은 사람이 죽어야 그 열매가 열릴 정도로 귀한 열매라고 가르쳐 주더군. 또한 트라이앵글처럼 삼각진 모양의 은행 알의 씨를 심어야 암수가 되어 열매를 맺을 수 있다고 했지. 그래서 눈을 크게 뜨고 트라이앵글 모양의 씨를 찾아서 한 움큼 가지고 영국으로 와서 심었더랬지. 그런데 정말 더디 자라더군!

'정원 한 복판에 자리 잡고 서 있는 한국의 토종이 나처럼 외롭게 조금씩 자라나고 있구나!'라는 생각을 하면서 수녀원에 올 때마다 나와 키 재기를 해. 영국에는 은행나무가 별로 없대. 따라서 가을에 은행잎 그 노랗고 황홀한 단풍을 볼 수가 없지. 그 노오란 단풍잎을 보겠다고 기대하며 심었건만, 어차피 기후가 한국 같질 않아서 그런지 은행잎은 물이 들지도 않고 떨어져 내리곤 했어. 비실비실하는 이곳의 이방인 나 닮은 것 같이! 이같이 기대치는 언제나 물거품이 되기도 하는 것을 연륜이 더해가면서 이제야 깨닫게 되다니 한참 미숙아야 나는.

런던으로 돌아와 보니 새 손님이 매일 저녁 나의 뜰을 방문하고 있었어.

뜰에 손바닥만한 땅을 간신히 일구고 거기 꽈리랑 깻잎을 심었는데 마구 파헤치고 구멍 정도가 아니라 굴을 파고 들어가는 무엇이 있었지. 메워 놓아도 다시 오고 또 다시 오고….

도대체 이게 무슨 손님? 하면서 의아해 하다가 어느 날 한밤중에 그 손님이 내 눈에 뜨였어. 문밖 차도 위에 앉아 유유히 털

'정원 한복판에 자리잡고 서 있는
한국의 토종이 나처럼 외롭게 조금씩 자
라나고 있구나'라는 생각을 하면서 수
녀원에 올 때마다 나와 키 재기를 해.
영국에는 은행나무가 별로 없대. 따라
서 가을에 은행잎 그 노랗고 황홀한
단풍을 볼 수가 없지.
—<은행나무 추억>

을 다듬고 앉아있는 야생여우를! 그러더니 슬슬 거닐다가 훌쩍 재주넘듯 곡예를 부려 교회의 담을 날라 들어오는 것이었어.

"아! 너였구나, 그런데 이 런던 한복판에 웬 여우란 말인가?"

그리고는 이판사판으로 나는 메우고 여우는 다시 파헤치고를 계속하고 있지.

세상은 전쟁터 같아.

마음이든 물질이든 주고 싶어도 받지 않을 수도, 또 마음이 안 가는데 얻으려고 수단 방법을 가리지 않고 다가오는 수도 있고, 세상은 그래서 비우고 채우고 잃어버리고 하는 일로 전쟁터인 것 같아. 은행나무와 여우를 보며 생각난 것인데 아마도 여우와 그냥 같이 살아야 할 것 같아.

목장이 보이는 수녀원

'들판이 저렇게 아름다운 것은 아무데나 살지만 아무렇게나 살지 않는 들풀이 있기 때문'이라고 어느 시인이 말했습니다. '우리는 이름 모를 들풀들을 싸잡아 잡초라고 부르지만 벌과 나비들이 외면할지라도 그냥 더불어 있음을 감사하며 아무데서나 들풀로 살아간다'고 했습니다.

수녀원의 앞뜰 너머에는 넓은 목장이 있습니다. 목장으로 소떼나 양떼를 만나러 뜰을 가로질러 산책을 가기도 하지요. 양떼가 노니는 초원을 가만히 관찰하면서 잡초의 아름다움을 봅니다. 씀바귀는 노란 꽃잎을 하늘대며 자라고 냉이들은 작고도 하얀 꽃들을 정성스레 피워냅니다. 있을 곳에서 양떼들의 먹이가 되며 할 일을 다하는 들풀들이 경이롭습니다.

어느 날 산책 중에 목장의 어미 소가 산기가 시작되어 주인

아저씨는 어미 소를 얼른 차에 싣고 농장으로 데려 갔습니다. 같이 산책 나온 수녀님이 '송아지 태어나는 것을 보러가자'고 해서 따라가서 보았어요! 그곳은 정말로 동물 농장이었지요. 소와 양떼, 말, 닭, 오리, 개, 송아지들이 한데 어울린 그야말로 동물 농장이었어요.

주인이 어미 소의 출산을 도와주기 위해서 여러 장치를 해놓았는데 소는 거기서 산통을 치르고 있었죠. 개는 친절하게 사귀려고 내게로 와서 꼬리를 흔들며 아는 척을 하다가 산통에 울며 애쓰는 어미 소 앞에 서서 얼굴을 빤히 올려다봅니다. 다른 소들도 그들의 집에서 고개를 모두 어미 소에게 돌리고 내다보고 있네요. 힘내라고 응원이라도 하고 있는 듯해요.

어미 소는 주인아저씨와 그 딸의 도움으로 무사히 송아지를 낳았습니다. 금방 나온 송아지는 주인이 숨을 쉴 수 있도록 숨통을 트게 해줍니다. 어미의 핏덩이 탯줄이 옆에 놓인 가운데 젖은 몸으로 누워 있다가 숨통이 트이니 제힘으로 벌떡 일어나서 어미의 젖을 찾아가고 있군요. 벌떡 일어서는 송아지를 보고 '호레이!' 하면서 거기 모였던 사람들이 환성을 올렸습니다.

놀라운 탄생의 신비이며 자연의 신비가 아니겠습니까? 송아지는 검정 비로드 옷을 입은 듯 반드르르하고 등 쪽에는 손바닥만 한 하얀 점이 있었어요. 얼룩송아지입니다. 돌아오는 길은 오리 떼들이 연못에서 나와서 풀밭에서 놀고 있었습니다. 오리들도 송아지의 탄생을 축하라도 하는지 뒤뚱거리며 즐거워

보입니다.

태고의 신비를 간직한 것 같은 안개에 잠긴 목장을 아침마다 바라보며 하루를 시작하는 수녀원은 이처럼 목장과 농장을 이웃하고 있답니다. 자연을 통해서 새로운 영국을 경험하며 잘 지내고, 오늘 하루도 신께 감사드릴 수 있어서 고마울 뿐입니다.

시골풍경

안녕하세요?

수녀원 본원엘 방문할 때면 빼놓지 않고 꼭 해보려고 노력하는 게 있습니다. 활자로 된 책은 어떤 이유로 이젠 읽기가 불편해져서 대신 자연을 보는 책 읽기라고 해둘까요? 그래서 한가한 영국의 시골길을 차를 몰아 달려보는 것입니다. 시원하게 달려보기라도 하면 가슴이 뻥 뚫리는 듯합니다. 정신이 맑아지는 듯도 하구요. 런던에서는 결코 해볼 수 없는 일이지요.

오늘도 수녀원에 와서 하루 시간 내서 찾아간 곳은 시골의 조그만 타운 그란삼(Grantham)이라는 곳입니다. 빌리지보다 좀 큰 단위가 타운이라고나 할까요. 여기는 제가 런던으로 이사가기 전 2년 반 정도 수녀원을 떠나 처음으로 혼자 독거하던 곳입니다. 수녀원이 있는 노팅험(Nottinghamshire) 옆 카운티인

링콘(Lincolnshire) 안에 있는 타운이지요.

계절 따라 봄이면 노랑 유채꽃, 청 보라색의 린씨드 꽃이며 녹색의 보리들이 자라는 풍경이 파도처럼 일렁이는 도로에서 들판을 가로질러 달리다 보면 아! 가슴이 뻥 뚫리는 듯 시원합니다. 여름은 여름대로 가을이면 가을대로 단풍이 드는 들판과 저 멀리 보이는 숲이 그윽합니다. 겨울이면 길옆 들풀에 내려앉은 서리가 반짝입니다. 타운을 방문하고 수녀원으로 돌아오는 길에 차창 너머로 저 멀리서 내려 앉던 저녁노을, 이 모든 풍경들을 다시 느껴보고 싶어 차를 몰아 나가곤 합니다.

그 타운은 그랬어요. 들판에서 자라난 보리를 가지고 맥주를 생산했었다는 양조장(Brewery)이 있는 언덕이 있고 그 언덕 자락쯤에 지은 자그만 플랫에 저는 살았습니다. 지금은 가동되지는 않으나 아직도 그 양조장 건물들이 있고 그 골목길 이름도 양조장 언덕(Brewery Hill)이었던 것입니다.

그 골목길을 돌아가서 조용한 귀퉁이에 그란삼의 기차 간이역이 있습니다. 이곳에서 런던으로 기차를 타고 일주일에 한 번 정도를 다녔습니다. 역시 기차에 앉아서도 많은 생각을 했고 또 영국의 농촌 풍경도 많이 보았군요.

아! 그리고 이 기차역은 런던에서 저 북쪽 스코틀랜드의 도시들이나 요크로 가는 길목 중간에 위치해 있다더군요. 말하자면 긴 여행에 하룻밤 쉬어 가야할 기점이었던 것 같습니다.

그 타운에는 아주 소박하고 조그만 호텔이라고 하는 객사(客

舍)가 있었는데요, 영국의 왕들이 북쪽으로 순시 여행을 할 때 하룻밤을 묵어가던 곳이었다고 합니다.

아마 우리나라 왕들이 순시 때 묵어가던 평택의 '객사리'라는 곳이 있었는데 그와 비슷한 개념이 아니었을까 생각해 보기도 했군요.

처음 그곳엘 이사 갔을 때, 아는 사람이라고는 별로 없었어요. 내가 어찌해서 이 영국에서도 북쪽까지 와서 살게 되었을까 쓸쓸하고 몸과 마음은 병들어 있었지요. 제일먼저 찾아간 곳이 병원이었지요. 그리고 교회, 그러니까 몸과 마음을 치료하기 위해서 찾은 곳들이지요. 그리고 이곳들을 다닐 때 눈여겨보던 타운의 풍경들이 이제는 또 하나의 추억으로 남아있습니다.

이곳엔 귀족들이 살았다는 캐슬도 가까운 곳 여기저기 있었구요. 아! 그리고 흥미로운 것은 타운 홀 앞에 버티고 서 있던 동상이었는데요. 그는 '만류인력'을 발견했다고 어렸을 때 교과서에서 배운 '이삭 뉴톤'이었지요. 그가 이곳에서 살았고 학교도 이곳에서 다녔답니다. 그가 다니던 학교는 '여기서 뉴턴이 몇 년부터 몇 년까지 공부했다'고 새긴 패널이 학교 강당 밖의 벽에 붙어있는걸 보았습니다. 그래서 그랬을까 이 학교는 명문학교가 되어서 영국 각지에서 학생들이 모여든다고 하는군요.

그리고 영국의 최초 여자 수상이던 '마가렛 대처'여사도 이 타운에서 나고 자라고 학교를 다녔다고 하네요. 수상이 다녔던 그곳 학교도 명문 여학교가 되어있었습니다. 아마도 유명인사가 다니던 학교는 모두 명문이 되는 듯싶었습니다.

사람은 누구나 자기가 스쳐간 발자국의 자리를 되돌아보고 싶은가 봅니다. 그곳이 그렇게 아름다운 추억만을 가지고 있지도 않은데 그냥 '아 내가 여기서 살았었지' 하고 가보고 싶었으니까요.

영국은 북쪽으로 갈수록 외국인은 찾아보기 힘들고 사람들은 보수적입니다. 겉으로는 친절한데 대화를 해보면 이 전통적인 영국 사람들과 대화는 금방 한계가 드러납니다. 외국인에게 관심도 없을뿐더러 식민지를 다스리던 그 관료적 생각이 밑바닥에 깔려있는 게 보이지요. 아마도 나 같이 이곳에서 이방인인 사람에게나 발견되는 일인지도 모르겠습니다.

그래서 영국에서도 나그네인 나는 잠시 머물렀던 그 자리를 둘러 다녀보고 오늘도 이렇게 침묵의 여행자가 되어 수녀원으로 돌아왔습니다.

감자와 푸딩

오늘은 음식 이야기를 좀 할게요.

그렇게 여러 나라를 다녀본 것은 아니지만 아마도 내가 다녀본 나라들 중에서 영국 음식이 내게는 제일 적응하기 힘 드는 것 같습니다.

이건 나만 그런 것은 아닌 것 같아요. 여러 나라를 순회하며 음악을 연주하는 어느 유명한 음악가도 말하는 것을 들었습니다. '영국 음식이 제일 맛없다. 그리고 연주 후에 박수쳐 주는 것도 영국 사람들이 제일 인색하다!'라고. 이 말에 공감이 가서 고개를 끄덕인 적이 있어요.

그래도 영국인들, 즉 수녀님들의 말을 들으면 자기들 것이 최고이고 특히 분별(sensible)있게 먹고 있다고 합니다. 이는 아마도 다른 민족들을 식민 지배하던 그 관습이 음식 면에서도 고정관념으로 굳어 버리지 않았을까, 그런 엉뚱한 상상을 합니다. 그러나 이건 순전히 나의 주관적이고 상대적 관점이지 절대적인 것은 아닙니다.

이곳 수녀원 음식은 물론 바깥 사회의 음식과는 차이가 있는지는 모르겠습니다. 밖의 영국음식을 별로 먹어본 기억이 없으니까.

나의 경우에는 제일 적응하기 어려운 수녀원의 음식은 그건 삶은 감자입니다. 날이면 날마다 빠지지 않고 식탁에 나오는 삶은 감자가 여기에선 단연 제일 위의 음식입니다. 감자는 우리 음식의 밥과 같은 주식이 아닌가 합니다.

다음은 푸딩(pudding)이라고 하는 것인데 같은 문화권이라고 생각했던 캐나다에서도 보지 못했던 새로운 것입니다. 이 푸딩은 후식(desert)인데 대개가 무척 달죠. 대개 푸딩은 커스터드 소스(custard source)가 애플파이 등등과 같은 푸딩과 같이 나옵니다. 바늘에 실이 따라가는 것 같아요. 이 푸딩 소스는 녹말가루로 된 재료에다 우유를 묽게 넣어 익혀서 만듭니다. 그리고 여러 가지 푸딩 위에 끼얹어 먹습니다.

이 푸딩이 저의 헛배만 불러오게 만들어요. 또 나는 단음식을 무척 싫어하거든요. 요크셔푸딩이라는 것은 또 다릅니다. 이것은 빵같이 부풀려 오븐에 구워서 주일날 같은 축일의 점심(dinner)에 고기요리와 같이 그레비소스를 끼얹어 먹습니다. 그런데 이것도 푸딩이라고 하네요. 푸딩도 참 여러 가지가 있네요.

오늘은 요크 교구에서 아주 연로하신 영국인 주교님이 수녀원을 방문하셨어요. 손님들은 수녀들의 식탁에서 같이 식사합니다. 점심식사(dinner)를 끝마치고 나오시며 주교님이 음식 맛을 치하 하시더군요.

"아 오늘 식사는 참 맛있게 잘 먹었다. 특히 이런 푸딩(후식)을 얼마 만에 먹어 보는지 아는가? 내가 기숙학교(boarding school)에 있을 때 먹어보던 바로 그 맛이었어!"

"?!!"

이 말씀을 듣고 계산을 해보지 않을 수 없었죠. 주교님은 80세는 넘으신 것 같으니까 적어도 60여 년 전에 어렸을 때 드셨던 맛을 기억하고 있는 것이겠죠? 그리고 그 후엔 별로 이 같은 음식을 드신 적이 없으셨다는 얘기일 것이고.

전통을 고수하는 우리 수녀원에선 음식도 100년 전통의 음식을 계속 먹고 있었던 것입니다. 뭐, 제가 고리타분한 한국전통음식을 좋아하고 그리워하는 것이나 조금도 다를 게 없지요. 그러고 어디를 가나 어렸을 때 먹고 자란 음식문화는 바뀌지지 않는다는데 문제가 있는 게 아니겠습니까?

그렇지만 아프리카 같은 데서는 굶주리는 사람들이 많다는 걸 생각하면 어떻게 음식타령을 할 수 있겠습니까. 수녀님들은 아주 검소하게 드시고 아껴서 이런 사람들을 도와주시는 걸 볼 수 있는데요. 검소하고 근검절약이 몸에 배인 민족이라는 생각을 하게 합니다. 정말 가난한 생활의 규칙이 아니더라도 분별

(sensible)있는 수녀님들의 음식임은 분명합니다.

그런 줄은 잘 알지만, 오늘도 배 속에 가스만이 차오르는 고기와 감자와 푸딩이 아닌 밥과 칼칼한 반찬이 그리운 날입니다.

잠깐 쉬어가자

양들은 잠잘 때와 쉴 때만 자란다.
푸른 나무들은 겨울에만 나이테가 자라고
꽃들은 캄캄한 밤중에만 그 키가 자란다.
사람도 바쁜 마음을 멈추고
읽고 꿈꾸고 생각하고 돌아볼 때만 그 사람이 자란다.

박노해 시인의 시를 읽었습니다.

수녀원 앞의 목장에서 자라는 양들을 보면 밤에도 그냥 초원에 있습니다. 거기서 누워 자며 밤을 지내고 있는 것 같아요. 시인의 말대로 밤에 풀밭에 누워 자며 쉬며 자라는 거겠지요?

우리에게도 꼭 쉬어가야 한다고 주님은 말씀 하셨습니다.(마가복음: 6장 31절)

따로(한적한 곳에서) 침묵 중에 기도와 성찰을 하는 시간을 피정(避靜)이라고 합니다. 수녀님들도 수도생활 중에 얼마나 자주 어떻게 피정하라는 제시가 규율에 명시되어 있지요. 이는 우리의 영혼이 자라도록 영양분을 주는 정말 꼭 필요한 은총의 시간임을 확신합니다.

나는 정말 이 시간을 좋아해요. 모든 수녀님들이 다 같을 것입니다. 수녀원은 여럿이 함께 어울려서 사는 공동체이지요. 그 안에 있으면서 이 피정하는 때만은 은자처럼 처신해서 어디 안 보이는 데로 꽁꽁 숨어 버립니다. 날마다 공동으로 정해진 시간에 드리는 기도나 식사하는 시간 등은 이때에는 공동으로 모이는 장소에 가지 않아도 되고 혼자 자유롭게 할 수 있습니다. 그날의 소임도 다른 사람이 대신해 주도록 면제해 줍니다. 근래에 우리 수녀원 규율이 이렇게 할 수 있도록 바뀌었어요!

이런 날엔 무엇을 하며 귀한 시간을 보낼까 하고 마련이 많습니다. 저의 경우엔 그저 생각을 정리하는 때가 많아요. 다른 날들은 그날그날의 시간표대로 다람쥐 쳇바퀴 돌 듯합니다. 따라가다 보면 내 주관이란 별로 없게 되고 기계적인 생활이 되지요.

피정 때는 우선 여유를 가지면서 내면을 충족시키는 생활을 해 왔는지 살펴보는 쉼이 되도록 합니다. 먼저 느긋하게 나의 방에 앉아서 창을 통해 밖의 정원과 목장을 바라봅니다. 차 한 잔을 옆에 놓고 마시며 음악을 듣기도 하면서요. 이럴 때는 지난 시간들 잊고 지냈던 이웃들을 내 기억의 표면으로 초대합니다. 그리고 수도자의 의무이기도 하지만, 기도 하고 싶어도 기도할 수 없는 많은 이웃들을 위해서도 대신 기도드립니다. 내가 알고 있는 아픈 이들, 어려움에 처한 이웃들에게 기도의 화살을 쏘아 올려 보냅니다. 그리고도 정리가 안 될 때는 주위의 이곳저곳을 청소하며 묵은 때를 벗겨내기도 하지요. 이건 내게 있어 아주 좋은 기도방법이에요.

피정의 시간은 언제나 너무나 빨리 지나갑니다. 내일 또는 그다음의 생활의 계획을 나름대로 정하고 다시 규칙의 쳇바퀴 속으로 돌아가는 것이죠.

정원으로 나왔습니다. 타국의 이 수녀원에선 이 피정하는 쉼의 시간은 고국으로 날아가 상상의 날개를 펴는 참 자유의 시간이기도 합니다. 이곳에서 처음의 이방인이 되어서 방황하던 과거의 어려움이 지금쯤에 긍정으로 바뀌었음을 깨닫습니다. 과거에 대한 감사하는 마음이 어느새 내 안에 넉넉함을 주고 있어요. 현재에 대한 감사도 즐겁습니다. 미래에 대한 희망은 뭔가 설레게 하구요. 이렇게 긍정의 마음을 가지게 되기까지 얼마나 많은 세월이 흘렀는지요. 이 피정의 시간에 깨닫게 되다니 나는 너무 느린 걸음으로 이 길을 걸어 온 듯합니다.

고국에서도 부디 너무 바쁘시지 않게 쉼의 시간을 가지실 수 있기를 바랍니다.

토끼언덕(Bunny Hill)에서

토끼언덕에서 씁니다.

전 주인이 떠난 농가에 새로 지은 수녀원 뜰은 각종 새들과 찌르레기들로 가득합니다. 가축도 주인 따라 떠난 농가의 목초지는 풀들이 사람의 키만큼이나 자라서 바람과 햇볕 아래 비스듬히 누워있습니다. 부엉이는 숲으로부터 금빛날개를 부채모양으로 펴고 날아와서 목초지 풀숲 아래 내려앉아 숨고 있네요.

수녀님들은 휴게실로 오면 땅에서 거의 처마 밑까지 닿은 큰 통유리 창을 통해서 저 멀리 목초지와 가든을 바라보고 감상하기에 모두 바쁩니다. 붉은 여우와 산토끼(hare)들이 가든을 가로질러 지나가며 풀을 뜯고 장끼와 까투리는 언제나 한 쌍이 되어 유리창 바로 앞까지 옵니다.

찌르레기(starling)들은 까맣게 떼를 지어 하늘 높이 날다가 순식간에 풀숲을 향해 다이빙하여 내려앉는군요. 저주하는 듯 한 쉰 목소리의 까마귀는 전의 수녀원 숲에는 아주 많았는데 이곳엔 별로 없어서 좋아요! 동양과 달리 이 영국에서는 까마귀가 길조이고 까치가 흉조라지만 그래도 나는 까마귀가 싫은 것은 한국문화에 젖은 고정관념 때문이겠지요.

하이필드(Highfield)라고 옛날부터 지명이 붙여졌는지, 이는 수녀원 부지(Land)의 이름입니다. 말 그대로 좀 높은 곳의 구릉의 벌판이지요. 바람이 다른 곳보다 좀 세다고, 그래서 하이필드라고 전 주인이 말해주는걸 들었습니다. 수녀원에서 큰길로 나가서 노팅험 시(Nottingham City) 쪽으로 조금 더 구릉을 올라가면 토끼언덕 꼭대기(Bunny Hill Top)입니다. 거기서는 노팅햄 시가 저 멀리 바라다 보여요. 그래서 수녀원은 '토끼언덕으로 넘어가기 시작하는 그쯤에 있다'고 기억해 두기로 내 머리에 입력을 했지요!

오늘도 소나기와 햇볕이 교차하는 날씨네요. 산책을 하기 위해 수녀원을 나섰어요. 이사 온 지 얼마 되지 않아 수녀원이라는 안내간판이 없었는데 어느새 큰 길로 나가는 중간쯤 지점에 간판이 서 있는 것이었어요. 조촐하면서도 단아한 싸인 포스트가 수도자를 닮은 것 같네요.

지난 한 달 남짓을 이곳으로 이사 와서 나는 다시 이 새로운 장소에 정을 붙이느라 애썼는데 어수선하고 그게 쉽지 않은 일이네요. 앉았던 자리를 옮긴다는 것은 언제나 그렇죠. 그렇지만 보리밭 샛길이 있고 유채꽃 밭에 에워싸여 들판 위에 세워진 수녀원의 자연 환경이 나의 위안이 되어 주는군요.

그런데 내겐 또 환경이 곧 바뀔 거잖아요? 나는 이제 준비해 주신 바다의 파도소리 들리고 풍차가 있는 마을로 갈 거잖아요. 그곳이 마음속에 동경하던 '호수 섬 이니스프리'가 될지는 모르겠지만 내 인생의 또 다른 미지의 세계가 펼쳐질 것입니다. 그것이 지금까지처럼 험난할지 어떨지 나는 모릅니다. 그러나 신께 간청했더니 친구를 사용하셔서 하느님께서 마련한 길이라고 나는 믿습니다. 마음은 벌써 그곳에 가 있고요. 그리고 여기까지 이끄신 신께 감사드리고 있습니다. 보잘것없고, 가난한 수도자인 나 같은 사람에게 재물과 마음을 다해서 베푸시는 나의 후원자이시며 친구에게 나는 감사함을 글로 표현할 수 없어요. 말로는 더욱 할 줄 모릅니다. 그저 감사한 마음뿐입니다. 주님이 저 대신 말씀하십니다.

"아들아 너는 내 옆에 와서 앉으라."

"주님 나는 거기 앉을 자격이 없나이다."

"착하고 충성된 아들아 네가 한 일, 곧 이 세상에서 보잘것없고 제일 작은이에게 한 일이 곧 나에게 한 일이다. 그러니 내 오른편에 앉으라.(복음서의 말씀)

발문(跋文)

은유, 또는 '거기 어디'가 아니라 찾아가는 과정

尹石山

(시인 · 제주대 명예교수)

나는 수필집에 '해설'이나 '발문' 같은 글을 덧붙이는 걸 그다지 긍정적으로 생각하지 않습니다. 그런데 지금 평소와 다른 짓을 하려고 합니다. 그것도 이십 대부터 40여 년간 수도 생활을 하고, 엄격한 영국 '침묵 수녀원'에서 12년간의 묵거(默居) 생활을 하다가 지금은 제주도 동쪽 바닷가에서 수도하시는 곽한나 수녀님의 수필집에 발문을 쓰려고 하고 있으니 말입니다.

하지만, 내가 그분의 입장에서 보면 세속적인 일에 불과한, 이런 짓을 하려는 것은 그분이 추구하는 세계를 잘 이해해서가 아닙니다. 그러니까 내가 이제까지 읽은 수필집 가운데 가장 시적(詩的)이고 유기적이라는 판단과, 어떻게 이런 작품을 썼을까 하는 궁금함과, 그 비밀을 밝혀내면 우리 수필이 겪고 있는 혼란을 정리하는 데 도움이 되지 않을까 하는 생각 때문입니다.

이 작품집이 시적이라는 것은 우선 제호(題號)만 봐도 이내 알 수 있습니다. '검은 휘파람새'가 수녀님 자신을 은유했다는 건 누구나 알 수 있습니다. 그런데, 이야기의 초점을 주체인 '휘파람새'에 맞추지 않고 '노래'에 맞춘 게 참 신기했습니다.

신기해서 목차를 후르르 넘겨봤지요. 50편 작품들이 대부분 그렇더군요. 첫째 파트의 「풍차가 있는 마을」, 「미네르바의 부엉이」, 「꽃의 감성」, 「이름에 대한 명상」, 「어느 생일날에」, 「아침마다 뵙는 하느님께」만 해도 그랬습니다. 너무 가리지도 않고 드러내지도 않은, 그리고 낯설지도 않고, 친숙하지도 않은 은유들의 연속입니다.

뭐 어법이 그리 대단한 것이냐고요? 글쎄요. 설명적인 어법은 내용을 빤히 드러내 강요하는 느낌을 주고, 은유적 어법은 엉뚱한 모습을 보여줘 생각해보도록 만들고, 상징적 어법은 이들 중간이지요. 그러니까, 이 어법이 수녀님이라는 특수한 신분으로 인해 무엇인가 강요할 것이라는 인상을 완화시켜준다고 생각했기 때문에 주목한 겁니다.

다시 본문을 넘겨봤지요. 역시 마찬가지더군요. 몇 작품 첫머리만 인용해볼까요?

……'길'은 듣기만 해도 설레는 말입니다. 어떤 때는 '길은 희

망이다'라는 생각이 들기도 합니다. 그래서 요즘에는 길 위의 바람이 되어 걷고 있습니다. 인용한 인디언 나바호 족의 기도를 생각하며 걷고 있습니다.

— 「길 위의 바람이 되고 싶다」에서

가을날입니다. 맑은 바람이 수녀원 정원의 참나무 숲을 스치고 지나갑니다.

어제가 추석이었네요. 고국에 있을 때도 명절이라 해야 찾아나설 집과 고향이 따로 있지 않은 수도자였기에 갈 곳도 없었지만…….

— 「이 맑은 가을바람」에서

햇살은 모두 미루나무 잎 위에 살짝 내려앉아 있다.

나뭇가지들 사이로는 강바람이 불고, 그 음률에 맞추어 댄스하는 윤기 흐르는 연둣빛 새순들

노란 햇살과 어울려 잘도 돌아간다! (……)

……저만치 강 건너 왕의 나라가 보인다.

— 「왕의 나라 영국」에서

제목뿐만이 아니라, 본문 역시 은유적이라는 사실에 놀라지 않을 수 없었습니다. 제목은 누구나 신경을 쓰기 때문에 그럴 수 있지만, 본문까지 그런다는 건 처음 보는 일이라서요.

더욱 놀라운 건 이번 작품집뿐만이 아니라는 사실입니다. 지난번에 펴낸 『거슬러 오르는 연어의 초록 강』(2010) 역시 마찬가지였습니다. 아니, 문장 구조까지 비슷해 수녀님의 정신세계

를 암시하는 게 아닌가 하는 생각이 들었습니다.

정말 같은 구조인가 분석해 볼까요? '거슬러 오르는'에 '연어의'를 연결하면 이중 관형(冠形)이 되고, 그렇게 강조했다면 당연히 '연어'에 초점을 맞추었을 텐데 배경인 '초록 강'에 맞추고 있습니다. 이번 작품집도 마찬가지입니다. '검은'에 '휘파람새의'를 연결하면 역시 이중 관형이 되고, 주체는 '휘파람새'인데 '노래'에 맞추고 있습니다.

왜 이러셨을까? 왜 이러셨을까? 이제까지 책을 통해 배웠거나 내가 규명한 은유 이론을 모두 동원하며 생각해 봤지요. 심지어 이중 관형은 영어의 영향이 아닌가 생각해 봤습니다.

그러다가, 이중 관형은 정확하게 말하고 싶어 하는 욕망 때문이고, 그러면서도 슬쩍 비켜가는 어법은 이야기하고 싶으면서도 피하려는 욕망 때문이라는 결론을 내렸지요. 그리고 이런 '드러냄'과 '감춤'의 교차적 구조가 바로 은유적 어법으로 이어지고, 작품을 읽고 싶게 유도하고 생각하게 만든다는 결론을 내렸습니다.

위에서 인용한 작품들만 해도 그렇습니다. '길 위에 바람이 되고 싶다'라는 제목은 '인간이 어떻게 바람이 돼', '지금은 어떻게 사는데'라는 의문을 자극하여 읽지 않을 수 없게 만듭니다.

'가을날입니다. 맑은 바람이 수녀원의 정원의 참나무 숲을 스치고 지나갑니다'나 '햇살은 모두 미루나무 잎 위에 살짝 내려앉아 있다'도 마찬가지입니다. '쓸쓸해요'라고 말했다면 더 이상

읽고 싶지 않았을 겁니다. 그리고 이렇게 직접 말할수록 자신의 생각과 멀어집니다. 생각은 중층적이고, 동시적이고, 각기 다른 방향으로 진행되는 반면에, 언어는 단선적이고, 순차적이고,. 직선적인 방향으로 진행되기 때문입니다.

그러다가 문득 자기 생각을 강조하기 위해 모든 것들을 '배제(排除)' 하는 작금의 수필계가 떠올랐습니다. 그리고, 이런 방향을 받아들이지 않으면 더욱 혼란에 빠져들 것이라는 생각이 들었습니다. 배제는 당장은 시원하게 보이지만, 배제한 만큼 왜곡으로 이어지기 때문입니다.

문학을 업으로 삼지 않는 수녀님이 이런 방법을 깨달은 것은 참 놀라웠습니다. 그러다가 '하나님'이나 '진리'나 '문학'은 '거기 어디'에 있는 게 아니라 '찾아가는 과정'이라고 믿고 살아왔기 때문일 거라는 생각이 들어 이 발문을 쓰기로 했습니다.

참 수고하셨습니다, 수녀님! 이번 작품집도 옆에 두고 편안하게 읽겠습니다.